唐卡中的
六道輪迴
㊊與
地獄精神

紫圖 楊典／著

死神閻魔轉動生命之輪

閻魔鬼王口咬生命之輪的頂端，並用雙手徐徐推動，以揭示生死與生死世界的真義。大輪的軸心部份是首尾相接的雞、蛇及豬，分別表示貪、嗔、痴三毒。在輪心中央向外數的第二圈，是有關生、死及中陰的教法圖標，另半邊是白的，其中的人形代表將投入畜牲、餓鬼及地獄道的中陰身。

生命之輪的中圈，詳細描繪了眾生輪迴的處所（即六道）：上方是天道，順時針方向數下來是阿修羅道、餓鬼道、地獄道、畜牲道及人道。生命之輪的最外圈被劃分為十二個小格子，每個格子中都有一個小圖，分別代表無明、行、識、名色、六入、觸、受、愛、取、有，生及老死十二因緣。

● **天道**

在天道只有幸福沒有痛苦，但此淨往往是短暫無常的。手抱琵琶的白色佛陀提醒天人：一旦福報用盡，就得離開此道。

● **緣的形成**

外邊的插圖用以說明十二緣起。佛陀教授弟子：一切事物的生成，存在若依靠其他事物，而自十二緣起脫離出來即是證入涅槃。

● **取**

正在採摘樹上果實的人，象徵欲望和佔有的糾纏。

● **阿修羅道**

此道永無休止的戰爭是由眾生無窮的妒嫉所引起，常以爭奪如意樹果的人們為代表。綠色佛陀現身著戰士甲冑，手持火劍，他宣說身具成的功德，並命令阿修羅停止激烈的爭奪。

● **有**

無論男女都受制於感官觸覺的刺激。

● **死神**

死神閻魔用口和爪把住此輪，象徵存在的局限——上一切存在的局限。

● **愛**

兩位陷於熱戀的年輕人，象徵對愛的渴望。

● **受**

刺入此人物眼中的箭，訴說著情感如何打動人心。

6

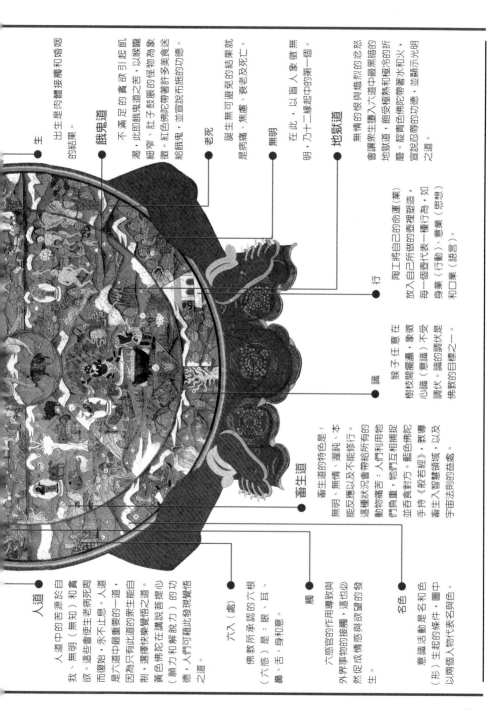

生
出生是肉體接觸和婚姻的結果。

餓鬼道
不滿足的貪欲引起飢渴，此即餓鬼道之苦，以喉嚨細窄、肚子鼓脹的怪獸為象徵，紅色佛陀帶著許多美食送給餓鬼，並宣說布施的功德。

老死
誕生無可避免的結果就是病痛、焦慮、衰老及死亡。

無明
在此，以盲人象徵無明，乃十二緣起中的第一個。

地獄道
無情的恨與熾烈的忿怒會讓眾生墮入六道中最黑暗的地獄道，飽受極熱和極冷的折磨。藍青色佛陀帶著水和火，宣說忍辱的功德，並顯示光明之道。

行
陶工將自己的命運（業）放入自己所做的器裡塑造，每一個器代表一種行為，如身業（行動）、意業（思想）和口業（語言）。

識
猴子任意在樹枝間擺盪，象徵心識（意識）不受調狀。識的調伏是佛教的目標之一。

畜生道
畜生道的特色是：無明、無知、遲鈍、本能反應以及不能修行。這種狀況會帶給所有的動物痛苦：人們利用牠們負重，牠們互相捕食，並吞食對方。藍色佛陀手持《般若經》，教導畜生入智慧領域，以及宇宙法則的益處。

人道
人道中的苦源於自我、無明（無知）和貪欲，這些會使生老病死同而復始，永不止息。人道是六道中最重要的一道，因為只有此道的眾生能自制，並選擇快樂覺悟之道。黃色佛陀在講說菩提心（願力和解脫力）的功德，人們可藉此看出發現覺悟之道。

六入（處）
佛教所承認的六根（六感）是：眼、耳、鼻、舌、身和意。

觸
六感官的作用導致與外界事物的接觸，這也必然促成情感與欲望的發生。

名色
意識活動是名和色（形）生起的條件，圖中以兩個人物代表名與色。

尸陀林主

布本設色唐卡　清代　西藏

陽體獄帝主

唐卡　西藏　清宮舊藏

四大天王

唐卡　清代　西藏

降魔之局部

西藏扎達　紅殿壁畫

目錄

迦樓羅

西藏扎達　紅殿壁畫

六道輪迴圖之局部

唐卡　清代　西藏

須彌山圖中的地獄之局部

唐卡　清代　西藏

古印度瑜伽思想中的生命與輪迴

瑜伽繪畫　印度

圖版目錄

引　子

　　幾乎所有的宗教都有「地獄」。

　　地獄概念是人類關於死亡之後最恐怖的幻想，也是最偉大的神學設計。無論它是否眞實存在，都在幾千年裡——尤其是中世紀——有效地遏制了人類的邪惡，紓解了人性中有可能給社會帶來危害的精神。因爲在科學尚不昌明、法制尚不成熟的古代，只有「地獄」的恐怖說教，才能約束人類的心靈。

　　在所有關於地獄的思想中，西藏佛教唐卡繪畫中的地獄圖示自然是最龐大、最成體系的。西藏密宗認爲，人與其他動物在死後是互相關聯的。在進入所謂「中陰」的階段後，人類將進行新的投胎，他們與龍、蛇、牛、羊、虎、鷹、鬼怪或阿修羅等的靈魂會互相穿梭、互相更迭、互相變化……並依照其生前的行爲，分別進入六種不同的結局，而且反覆不停，永不休息——這就是輪迴。輪迴的時間是相當漫長的，幾乎就是無窮與永恆。

　　輪迴的趨向——也就是佛教所謂的「趣」——則只有六種：即地獄道、餓鬼道、畜生道、阿修羅道、人道與天道。此書爲此作了具體分析。「中陰」的思想不全然是指人死亡之後。中陰，是中間世界的無形眞理。西藏密宗的創始人蓮花生大士曾經認爲：既然在生命與生命之間的輪迴時期可以叫做中陰，那麼在死亡與死亡之間的生命時期，爲什麼就不能也是一種「中陰」呢？這也是本書將闡述的內容之一，即所謂的「四有輪轉」（生有、本有、中有、死有）的思想。

　　本書中的唐卡主要表現了人在死後可能的遭遇，因爲每個人都想知道：自己死後是什麼樣子？是否還有感知？是否還能像今天這樣思考，甚至生活和行動？是否眞的像玻璃嬰兒一般漂浮在空中，尋找來世的母體與子宮，還

是墮入火海冰窟的地獄裡，在篝火晚會與下油鍋的恐懼中，硬著頭皮與夜叉和判官打牌？

唐卡藝術畢竟不是自然科學。那些關於鬼神的傳奇和歷史紀錄，哪怕再真實可靠，畢竟還是不能重複。現代人都相信「科學」，科學的第一特徵就是──可以重複，並且可以向任何人展示重複的內容。但是神學呢？佛教的冥想，或者道家的內視，或者基督教的啟示錄預言，或者神秘的西藏密宗窺視到的「中陰」環境──這些都是無法輕易重複或向別人展示的。理解與進入的途徑都只有一個：就是修行。修就是思索，行就是作為：也就是自己去領悟，去體驗、去身體力行地做到。只有做到，你才能看到和聽到，也才能悟道。這就像吃飯一樣，理論上每個人都知道「餓」是什麼，但人只有吃到食物之後，才能消滅飢餓。

無論從哪個角度來說，本書的目的都是為了「修」，而遠還不是「行」。

只希望讀到此書的人，能從偉大的唐卡繪畫所揭示出的死亡與輪迴秘密中，略微發覺到我們活著時「行」的重要。生與死、修與行、輪迴與超越等，都是一而二、二而一的陰陽關係、因果關係。從來就不存在一個沒有白天的夜晚，也從來就不存在一枚沒有反面的硬幣。儒家孔子所謂的「不知生，焉知死」，其實也就是對佛教輪迴的最好解釋了。其他的繁瑣教義──都不過是佛陀對死亡的一種鏡詮。

因為釋迦牟尼知道人類都是先有畏怖，後有死亡，即「菩薩畏因，凡人畏果」。他希望全人類都能先戰勝對死亡的畏怖。他的慈悲，就是智慧。

六道輪迴圖（局部：地獄道）

唐卡與
佛教中的地獄

一、地藏菩薩與六道眾生

地獄一詞,來自梵文「Naraka」的意譯,本來的意思是「不樂」、「可惡」、「苦具」、「苦器」以及「苦的世界」等等。它是佛教「六道輪迴」思想中「惡道」的一個主要支流。中國古人一提到地獄,一般反應是有閻羅王坐在審判桌上,旁邊站著催命判官、周圍都是牛頭馬面和小鬼,司酷刑、折磨亡靈肉體的那個恐怖地方。類似一個無邊巨大、血肉橫飛的監獄,有陰山、陰水、忘川與奈何橋,有魑魅魍魎、走獸爬蟲和一口燒著大火、煮著人肉的鍋……

總之,地獄是被佛陀與神仙忘記、拋棄的地方,也是所有活該倒楣、生前作孽的人再次接受輪迴懲罰的地方。

唐卡中的尸陀林主通常表現為一男一女的兩個白骷髏人體像,在般若火焰的圍繞中,為死亡的芸芸眾生帶去安慰。

掌管天葬區的尸陀林主 布本設色唐卡 清代 西藏

(右頁圖說)尸陀林主即「尸林主」,或稱「寒林主」,因為藏傳佛教中有「八大寒林」的說法,即東方暴虐寒林、北方密叢寒林、西方金剛熖寒林、南方骨鎖寒林、東北狂笑寒林、東南吉祥寒林、西南幽暗寒林以及西北啾啾寒林等等,都是表現人死亡之後,肉身被遺棄的去處,尤其在著名的天葬地區,所以也就有了掌管這個地方的主神。尸陀林主是墓地修行者的保護神,是僧人或佛教徒在「觀無常」與「觀不淨」時的崇拜偶像。

　　但是，據說在釋迦牟尼活著時，就曾經預言過：「有一小眾生不成佛，我即不成佛。」這句話後來又被釋迦牟尼試圖安排這樣去做的弟子重複了一遍。人總是要死的，死後被遺棄在天空、墳地或火焰裡，藏傳佛教稱那樣的場所為「八大寒林」，尤其在天葬地區，有保護神尸陀林主掌管著修行亡靈們最後的歸宿。那麼對於那些沒有修行的亡靈們呢？

　　地獄裡的鬼魂和畜生也是芸芸眾生，誰去拯救他們呢？

　　這個菩薩就是地藏——梵文「Ksitigarbha」的意譯，宋《高僧傳》說他本是新羅國（今韓國）的一個王族，姓金，名喬覺。《地藏十輪經》中說他「安忍不動猶如大地，靜慮深密猶如地藏」，因此得名。據說，釋迦牟尼生前曾經囑咐他，要他在釋迦

佛教中的五蘊——眼、耳、鼻、口、心，分別代表著人的各種感知、感覺和認識，這些都將在地獄中接受煎熬。

大威德金剛 布本設色唐卡　清代　西藏

　　（上頁圖說）這幅唐卡以絢麗的圖形，展現了藏密中佛陀與閻王的關係。曼荼羅圖的天界中央是釋迦牟尼佛，整幅圖的中心是大威德金剛——他是文殊菩薩的忿怒化身——主身是藍色的，雙手交叉握著金剛鉞和嘎巴拉碗，表示「悲智合一」的境界；腳下踏著八物和八禽，代表佛教的「八成就」與「八自在」。明妃則以優雅迷人的姿態與金剛主尊擁抱。龍與大鵬鳥在四周盤旋、飛舞……形成讓人眩暈的美感。值得注意的是四個角落裡，都繪有獸身的閻羅王（藏密稱「閻摩天」），因為大威德金剛曾經降伏過閻王，所以閻摩天就做了他的下屬。

　　閻羅王，或稱「獄帝主」，渾身呈現湛藍色，牛頭，戴五骷髏冠，右手握骷髏杖，左右是金剛套索，身邊是他的伴神——即「閻羅女」。他們站在藍色的公牛背上，周圍是熊熊的地獄火焰。

车尼既滅、而彌勒佛未生之前，自誓必盡度六道眾生，拯救所有的苦難，始願成佛。中國佛教還把他作為四大菩薩之一，其化身說法的道場就在九華山。還說他圓寂之後肉身不壞，以全身入了舍利塔。

今天我們去九華山所看到的那座雄偉的「月（肉）身殿」，據說就是他成道之所在。

一般中國人只要提到地藏菩薩，大家的腦海中總是會浮現陰森森的、恐怖、幽冥、地獄、鬼魂、冤孽等等聯想；這也難怪，因為這位被舉世稱頌為「幽冥教主」的地藏王菩薩，的確是以常救度鬼道眾生為所有人景仰的。

但是，地藏菩薩並非只管幽冥裡那些血肉悲苦的眾生。

釋迦车尼佛的教化區非常之大，包括了三千大千世界，總體在佛教中被稱為「娑婆世界」——這個世界裡充滿了不堪忍受的苦難和罪孽深重的人。

觀音與地藏菩薩　大足石刻　雕塑　四川

（右頁圖說）這兩尊四川大足北山的宋代雕塑，左邊的是觀音，右邊的是地藏，他們並肩而立，體現了在中國最受崇拜的兩位菩薩大慈大悲的拯救色彩。如玉的石頭，讓地藏顯得更加純淨，身著袈裟，非常年輕而俊美。而在兩側的雲朵浮雕中，刻畫的正是地獄「十殿閻羅」的形象。

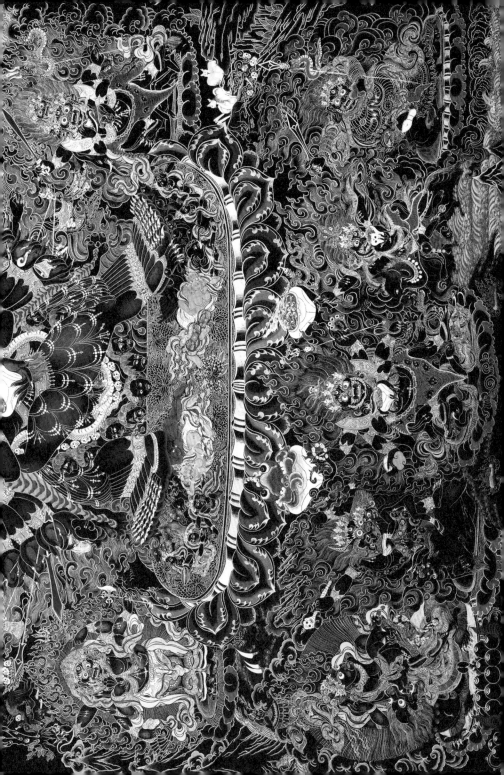

降閻魔尊大威德金剛

布本設色唐卡　清代　西藏

　　（上頁圖說）這幅唐卡中央所繪製的大威德金剛，梵文稱為「閻曼德伽」，是著名的五大明王之一，也是唐卡中非常流行的形象；藏語則為「多吉久謝」，本意為「怖畏金剛」，漢譯為「大威德明王」，是無上密乘父續部的一位本尊。藏密認為這是文殊菩薩的忿怒相，是六足之尊，俗稱「牛頭明王」。他同時也是無上瑜伽部本尊。

　　在藏傳佛教中，各派均修其法，格魯巴和薩迦巴尤為重視。東方稱其為大威德明王，是西方蓮華部無量壽佛的忿怒身，為解除一切眾生的煩惱繫縛的明王。由於本尊威德極大，能制伏毒龍、斷除諸障，對治閻羅死魔等，因此亦稱「降閻魔尊」。

　　大威德金剛表示的是：「有伏惡之慧，謂之大威，有護善之功，謂之大德」，故名「大威德」。大威德就是指有巨大的威力，降伏眾生的魔障習氣。

　　這幅唐卡中的大威德金剛呈九個頭，三十四臂，十六足，身面靛藍，面相極其忿怒，手持各種兵器，懷抱著明妃「羅浪雜娃」，足踏眾魔，威立在般若火熖中的蓮花寶座上。怖畏九頭，代表九種鎮壓閻王的契經。三睛，意為千里眼，無所不見。居中頭是黑色，表壓閻王，長兩水牛角，表示兩真二諦；右三頭，中青、右紅、左黃，象徵著忿怒、權勢、安靜三德能；左三頭，中白、右灰、左黑灰（死色），表示清淨、死亡、忿怒；居中再上為紅頭，象徵是吃人夜叉，名「參怖」；最高一頭為黃色，呈現文殊本像，象徵著慈善和平。髮朝上指，有向佛地之意思。三十四臂，再加上身、語、意，表菩薩佛的三十七道品，即為八正道、四念住、四神足、四正斷、五根、五少威和七覺支等。三十四手均有持物，右手由上而下分別持：高揚、月刀、白筒、杵、勾刀、標槍、月斧、劍、箭、勾刀、棒、人骨杖、法輪、金剛杵、椎、匕首、手鼓；左手自上而下分別持：象皮、人骨碗、天王頭、藤牌、鮮左腿、長繩、弓、人腸、鈴、鮮左臂、喪布、三尖矛、爐、顱器、人左臂、軍旗、黑布。十六條腿，壓閻王十六面鐵城，亦象徵十六空相。右八腿屈，壓八天王，象徵物為男人、水牛、牛、鹿、蛇、狗、綿羊及狐，表示是八成就；左八腿伸，壓八女明王，象徵物為鷲、梟、鴉、鸚鵡、鷹、鴨、公雞及雁，表示八自在清淨。該尊身相寓意總義為精通三十七道品，徹悟十六性空，障魔消盡，成就殊勝，得道大涅槃。

羅丹雕塑《地獄之門》

曼荼羅殿殿門　建築浮雕　西藏扎達

　　位於西藏扎達的曼荼羅殿大門，顯示出佛教建築與雕塑的神秘。門楣的正中央是獸頭，雙角微捲，門框分兩層，中間有一佛陀的浮雕，立於佛龕中。這尊佛像耳帶大環，幾乎全裸，與門上的忍冬草花紋一起，讓中央的漆黑與空洞看上去極端可怕，令人想起十九世紀法國雕塑家羅丹那座著名的《地獄之門》。不過羅丹刻畫的地獄是基督教的，而在佛教的地獄中，一切不會「永死」，一切都可能得到輪迴與拯救。

　　只要是婆娑世界裡的六道眾生，地藏菩薩都會不辭辛苦的加以救拔，使他們得到解脫。也就是說，只要有生命的地方就有地藏菩薩的拯救。

　　《地藏菩薩本願經》中就很詳細地介紹了地藏菩薩的前生因緣、願力、悲願、功德、方便救苦難等，其功德威力甚大。

　　地藏菩薩說：「地獄不空，誓不成佛，眾生度盡，方證菩提。」

　　這是他偉大的宏願。佛教認為地藏菩薩會慈悲救度所有眾生，一直到距今五十六億七千萬年之後，彌勒菩薩出世成佛時，才算盡了釋迦牟尼佛的重托！

　　另外，在中國民間佛教信仰中有很著名的「目蓮救母」的故事，很多人都誤認為目蓮是中國人，而且自己想像目蓮救母之後，也修成佛道，最後還因釋迦牟尼佛的幫助而當了「地藏菩薩」。

　　這個民間傳說是錯誤的。

早期的閻魔王──魔波旬 白殿壁畫　西藏扎達

　　（上頁圖說）這幅壁畫描繪的是魔波旬（最早的閻魔王形象之一）的故事，主要講述釋迦牟尼在菩提樹下悟道時，有魔王魔波旬率眾來侵犯，圍繞當時還是菩薩境界的釋迦牟尼惡意攻擊。所有的魔鬼都生犄角、獸頭，肚子上有口與眼睛，揮舞著各種不同的兵器，或是變為獅子、虎、豹、牛、犬，狂吠不已；也有變成妖精或美女的，極盡妖媚淫蕩邪惡之形象，試圖勾引釋迦牟尼。壁畫中的動與靜、斑斕的色彩，都因情節的緊張而顯得刺激。佛陀此時已經生了三明四禪定，使魔鬼們射來的箭羽都零落飛化為萬千花朵，使妖女都蛻變為老婦人，並一手指地，招「地母」現身作證。據說，到了黎明之後，釋迦牟尼已經通達了四真諦、十二緣起的真理，正等正覺──於是成為了佛陀（即「覺醒者」）。

基督教中的地獄前廊和阿克倫河 威廉·布萊克 水彩 一八二四～一八二七年

　　基督教的地獄與佛教的地獄，都出現過一些無法渡過的「河」。佛教有「忘川」，據說在那裡的人都將忘記生前的一切。布萊克（William Blake）是英國詩人和版畫家，主要詩集有《天真與經驗之歌》、《先知書》等，與但丁一樣，他有著很強烈的基督教信仰和傾向，並對地獄的存在深信不疑。但詩人的想像與宗教心理學卻並不一定契合。這幅阿克倫河，就是布萊克為但丁《神曲》所做的插圖，描寫了但丁在進地獄不久的遭遇，據說這條河裡那些朝天呼喚的可憐人們「都沒有生活過」，是被上帝遺棄的靈魂。

31

眾合地獄中的生靈　古格曼荼羅殿壁畫　西藏扎達

　　八大地獄中的「眾合地獄」，又叫做「推壓地獄」。這裡的諸鬼卒驅趕罪人進入兩鐵山間，罪人受兩鐵山的擠壓，肉骨碎裂。據說凡犯殺生、偷盜、邪淫罪者，都會墮生到此地獄中。此壁畫描繪的地獄狀況，是鮮血與屍骨橫飛的圖景，並且也包含了「極熱地獄」與「黑繩地獄」等其他地獄裡的一些場景，譬如右邊下圖一個罪人被綁縛在樹上，而周圍充滿了野

眾合地獄長卷（一）

古格曼荼羅殿壁畫　西藏扎達

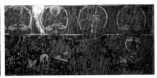

獸的咬齧與嚎叫……這些與上圖的吉祥天女交相輝映，更反襯出地獄的恐怖美。每一幅圖中幾乎都有禿鷲正對著罪人身體啄食，是西藏天葬文化的變異。而旁邊，一個類似地獄夜叉的魔鬼正在對一個罪人實施刑法：從下身陰戶裡把一根尖銳的木樁刺入人體，一直頂穿腦袋；與此同時，熊熊的地獄之火正透過古老壁畫斑駁的裂痕，講述著罪人輪迴轉生的可能性……

　　也許是文藝作品中目蓮的造型很像現比丘相的地藏菩薩，而電影或動畫片中，目蓮手上拿著很像地藏菩薩使用的錫杖，又直闖地獄，勇猛無比，於是便順理成章的被誤認爲是地藏菩薩的前生。其實目蓮是釋迦牟尼佛住世時的一個印度人，是佛陀十大弟子之一——神通第一，並非地藏菩薩。

衆合地獄長卷（二）　古格曼荼羅殿壁畫　西藏扎達

四臂供養天女　　　　　　　　　頭戴骷髏冠的供養天女

今天佛教徒所供奉的地藏菩薩，有兩種造型，一為現「比丘」相，另一個是頭戴五方佛帽子的地藏王。

而我們常會看見唐卡的地藏畫像中，中央是頭戴五方佛帽的地薩王菩薩，隨侍在旁的，一為老者，另一邊為年輕比丘。很多人把這一老者當作土地公，而另一年輕的比丘當作是目蓮，反正這老者造型上很像土地公，而土地公是陰神，當然歸地薩菩薩管

畜生道中的野獸正在
撕咬活人。

眾合地獄長卷（三）
古格曼荼羅殿壁畫　西藏扎達

轄了。那年輕比丘很像目蓮，反正目蓮入地獄救母之後，就被地藏菩薩收為徒弟了——其實錯了。目蓮是印度人，而地藏是韓國人。

據說，就在中國唐朝時，當時的那位新羅國（今韓國）太子金喬覺，來到中國的安徽省，苦修了七十五年的地薩法門，才終於修成了地藏菩薩的化身。這時金喬覺遇到了一大富翁員外，也

「黑繩地獄」的受罪者被綁縛在樹上。

眾合地獄長卷（四）
古格曼荼羅殿壁畫　西藏扎達

度化了這位名叫閔公的員外。據說閔公當時問地藏菩薩說：「我願意捐地供您修行建廟，你看需要多少畝地？」

地藏菩薩卻說——只要自己身上所披的袈裟那麼大的土地就可以了。

閔公一聽，自然輕鬆地答應了，誰知道地藏菩薩脫下身上袈裟，往空中一拋——袈裟飛散開去，竟然一直擴大到了整片山峰！

閔公看得目瞪口呆，因有言在先，也只有誠心的布施這一整片山了。

這座山就是中國佛教的四大名山，地薩菩薩的根本道場——九華山。

眾合地獄長卷（四）（局部）

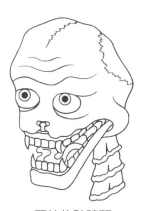

可怕的骷髏頭

唐卡白描　清代

即使對地獄眾生，
菩薩也總是心生憐憫。

　　隨後，閔公及自己的兒子道明都皈依了地藏菩薩，並虔誠的修持地藏法門，所以在地藏菩薩座下的一個長者就是閔公，另一個為道明尊者。

　　地藏菩薩在中國佛教中的出現，自然是與唐朝對佛教的推廣有關。佛教漢化之後，很多東西都需要重新闡釋、重新解構。「六道」與「輪迴」的精神本都來自印度傳統佛教，或來自藏傳佛教，以及印度教與瑜伽的思想。但是這種超越時間的意識形態，對於古中華帝國這個注重「現世」的民族來說，還不能那麼簡單地被接受。

眾合地獄長卷（五）
古格曼荼羅殿壁畫
西藏扎達

舍利塔邊上，地獄的猛獸和猛禽都成為護法。

就像當年義大利天主教神父利馬竇第一次來到中國，告訴中國人世界地理與古希臘科學成就一樣，中國人還不能想像除了「現世」之外的空間（地球）與時間（輪迴）。更難以想像在人類、神仙、鬼魂、惡魔與飛禽走獸之間，在生前與死後，生命鏈的關係可以由豬、牛、馬等動物或昆蟲來連接⋯⋯

地藏菩薩就是當時中國人用來開啓「六道輪迴」奧秘的鑰匙。

地獄中的怪獸與骷髏　唐卡白描　清代

眾合地獄長卷（六）　古格曼荼羅殿壁畫　西藏扎達

二 被道家漢化後的閻王司

談到地獄，還有一個主要神祇必須解釋清楚，因為在民間信仰中，這兩個人物——地藏菩薩與閻羅王——很容易被混淆。在藏密與唐卡中，將閻羅王稱為「閻魔王」、「閻魔天」或「閻魔鬼王」。

佛教中有幾個「魔」：

一個是「魔羅」，梵文Mara，意思是「破壞」、「擾亂」或「障礙」等。魔羅，又稱「魔波旬」，是印度古代神話與印度教中，欲界第六天「他化自在天」之王。魔波旬為魔王，他的所有眷屬和部下稱為魔眾。佛教借鑒了古代的傳說，把一切煩惱、懷疑與迷惑等心理活動稱為魔羅。最早傳到中國時，音譯為「磨羅」，後來梁武帝將「磨」改成有鬼字底的「魔」字。

另一個就是閻魔王，梵文Yamaraja，也叫「焰摩羅王」或「閻羅」、「閻王」等，他本是古印度神話中管理陰間的王。傳說他能判斷人生前的善與惡，加以懲罰。在印度古代文獻《梨俱吠陀》中就已經出現這個神秘的形象，後來佛教沿用了這個傳說，把他視為領導地獄的魔王。傳說閻魔王是兄長，掌管男犯男鬼，其妹閻美王（Yami）則掌管女鬼，他們擁有十八個判官，分管十八層地獄。

閻羅王率領獄卒，掌管地獄，審判刑罰罪人。他是鬼世界的統治者，管理諸鬼。

閻羅職責是審判死人在世時的行為，予以適當的裁判，因此他們是司法官，獎勵行善，制止犯罪作惡，是護生善神。但也有傳聞說閻王亦一日三次讓獄鬼灌烊銅入口，而大受苦楚——這

報父母恩重經變相

四川大足石刻　浮雕　宋代

　　漢傳佛教受到了儒家的深遠影響，無論是把閻羅王之一的泰山府君安排在泰山，還是在地獄裡，都是對「孝道」的強調。譬如大足石刻中的「報父母恩重經變相」就是這樣的作品。此龕高七公尺、寬十四‧五公尺、深二‧五公尺。刻像共四十四尊。上部刻賢劫七佛半身像，下部中央刻「投佛祈求嗣息」圖，正是佛教漢化後描寫閻王司的最典型作品，其中有很多造型都類似道教的雕塑。

地獄變相　四川大足石刻　浮雕　宋代

（上頁圖說）大足石刻第二十龕中的地獄變相圖，可謂是目前中國石窟藝術中規模最宏大、內容最豐富、藝術形象最為生動的作品。

全龕高十三‧八公尺，寬十九‧四公尺，共分四層。第一層緊接岩簷，在十個小圓龕內刻著十方請佛。第二層正中坐著地藏菩薩，頭戴寶冠，胸飾纓珞，右手結印，左手捧摩尼珠，悲憫慈祥地注視著地獄裡的芸芸眾生。菩薩兩側，各有五身頭戴通天冠或冕旒，雙手捧笏或撫案的「十王」及「兩司」坐像。

第二層左下側有一秤，秤鉤上現「業」字，此即「業秤」；在右下側有一大圓圈，上面仍現「業」字，此謂「業鏡」。業秤是在佛教幽冥世界中，用來衡量眾生善惡的秤；業鏡則是幽冥世界攝取眾生善惡行為的鏡子。據《楞嚴經》卷八說：「有惡友業鏡火珠，披露宿業，對驗諸事。」經過幽冥「十王」的審判和用「業秤」、「業鏡」的反覆驗對，便決定該「罪人」的去處。為此，第三層和第四層便刻了十八層地獄種種恐怖的施刑情景。

四川「地藏菩薩」雕塑

被儒家化後的地獄「現報司」雕塑。

地獄眾生要受刀斫繩捆等各種苦楚。　唐卡白描　清代

樣，閻王也成了罪人一般。到底閻王是令人受苦，抑或是自己受苦，恐怕只有下過地獄的人才能知曉。

　　在印度神話中，閻王原為夜摩神（Yama），住在天上界樂土，人死後會去他那裡享福。此神有兩個使者，牠們是兩條狗，經常在人間界徘徊，當嗅到有人快死時，便引他去天界。不知是什麼原因，此神被轉為下界神，變成死神，奪人生命，又為審判神、死者之王，令罪人受報不再作惡。閻王屬下有許多獄卒，也就是我們中國人熟悉的牛頭馬面，以及頭為豬、羊、狐、狗、鳥等的異形怪物。牠們日夜施用刑罰訶責，吞噉咬齧各種罪人。據說除了無間、大熱、炎熱三地獄中沒有獄卒把守外，其他各獄皆有防守。

　　藏傳佛教還認為，閻王也是佛教的護法神。是文殊菩薩降伏了死亡之魔，讓他皈依了大日如來的教令，化身為我們在唐卡中經常見到的「大威德金剛」的形象。除了地藏之外，大威德金剛恐怕是離地獄眾生最近的神靈了。

　　地藏的存在其實是和各種閻魔王相「敵對」的。

　　閻王就類似基督教的「魔鬼撒旦」，不同的是，魔鬼撒旦本是天使，因爲他太美了，連上帝都瞧不起，所以被耶和華打入地獄。但撒旦不服，就像十九世紀英國詩人彌爾頓在《失樂園》中描寫的那樣，撒旦率領地獄裡所有墮落的天使一起朝上帝的軍隊進攻，最後失敗了，被變成蛇，爬進伊甸園，去誘惑始祖亞當與夏娃犯下原罪……

　　閻魔王則不是這樣，他一直遵循著佛祖釋迦牟尼的教誨，管理地獄眾生。

地獄變相圖（局部）四川大足石刻　浮雕　宋代

　　地獄中的懲罰非常細膩，從殺人到酗酒都是罪過。此浮雕刻畫的就是醉酒者下地獄的圖景。它本是「地獄變相」浮雕群中的一組造像，有「醒眼看醉人」的涵義。而「醉人」與「罪人」在漢語中諧音，於是此浮雕成了表現「下地獄」的代表作。樸素的色彩與粗獷的雕刻手法，令人聯想到埃及雕塑的簡潔，混亂的醉態和惡魔的棍棒，都顯得異常的逼真。

鬼眾與十殿閻王之一──泰山府君　白描

　　「八部鬼眾」就是指乾闥婆、毘舍遮、鳩槃荼、薛荔多、龍眾、富單那、夜叉、羅剎等，而泰山府君是道家思想介入佛教後，作為所謂「十殿閻王」之一而存在的。中國人曾相信東岳泰山是人死後歸魂的地方。泰山碧霞宮西邊有個鄂都峪，俗稱「鬼兒峪」，就是傳說中的歸魂所在。泰山山頂西邊有個「望鄉嶺」，就是傳說中死人懷念家鄉的所在。《樂府曲調》裡有一個「泰山吟」，是一種輓歌，正因為人死後靈魂歸於泰山，所以才有這種曲調。中國人相信「泰山主死」的思想是源遠流長的。泰山神是有編制的，帶頭的是府君，就是泰山府君，這是道教的觀念。晉朝以後，佛教興起，佛教的閻王取代了泰山府君，變成了陰間的主神之一，並把「泰山主死」的環境地獄化了。

地藏菩薩出現後，有些人甚至不清楚究竟是地藏菩薩大，還是閻王大。其實這是無法比較的。佛教是「整體論」，反對分別心與比較心。佛與菩薩也不會和任何神與眞理比大小。

唐朝末年時，中國佛教認爲「娑婆世界」裡的三界（欲界、色界、無色界），總共可分爲二十八層天，道教的玉皇大帝只統領第二層天，而未來佛——彌勒菩薩——所教化的兜率天是第四層天，道教玉皇大帝是正派的神靈，一向是最護持正信佛教的。在玉皇大帝之下，有十位王爺，被派往地府幽冥，掌管十殿，俗稱「十殿閻王」，分別名爲：秦廣王、初江王、宋帝王、伍官王、閻羅王、卞城王、泰山府君（泰山王）、平等王、都市王、五道轉輪王等。換言之，這些閻王們是被有著深厚道教思想薰陶，同時又很虔誠的中國佛教徒所繁衍出來的。

閻羅王只是被信奉佛法的中國人，從道教引入、改變、神化之後，歸屬於地藏王菩薩的一個中國佛教中的小神。地藏王菩薩則是教化地府幽冥的領袖、導師，如果人一生作惡多端，也沒積什麼功德，死後便會被勾魂使者「黑白無常」前來取命，將亡靈的魂魄帶到各自所屬的城隍廟登記入陰籍，再送到幽冥地府。人只要一淪入鬼道，就很可憐了，要等待陽世的子孫們積德，並廣設水陸法會，供奉地藏王菩薩或十方諸佛之功德，鬼魂才有可能得以救度。

羅刹童 白描

　　羅刹，是一種行地飛空，以神通力惑人，並殘酷食人血肉的惡鬼，也是天龍八部鬼眾之一。據說夜叉很好，而羅刹則比較壞。羅刹有男有女，佛教裡有八大羅刹女、十大羅刹女或五百羅刹女的說法，但都是蛇蠍美人，非常惡毒。

姊妹護法神　唐卡　明代　西藏

　　藏傳佛教中有許多作忿怒狀的神祇，例如閻魔王雖然形象可怖，卻是佛教護法神之一。其實所有的護法神靈都來自「魔」的本性，被佛陀或高僧收服後，他們皈依佛法，修行佛法，甚至保護佛法。藏傳佛教把護法神分成兩大類：「出世間護法神」——包括大黑天、多聞以及姊妹護法神等；「世間護法」——包括有情眾生中的一般僧人、居士或大師。

　　姊妹護法神又叫做犀甲護法，或者皮鎧甲護法，是藏傳佛教中「出世間護法神」的代表，不過他的形象更接近「世間護法」，而且還擔任著戰神的職責。這幅「姊妹護法神」主要呈紅色，頭戴五骷髏冠，下面是各種戰爭與火焰的場面，威武而神秘。

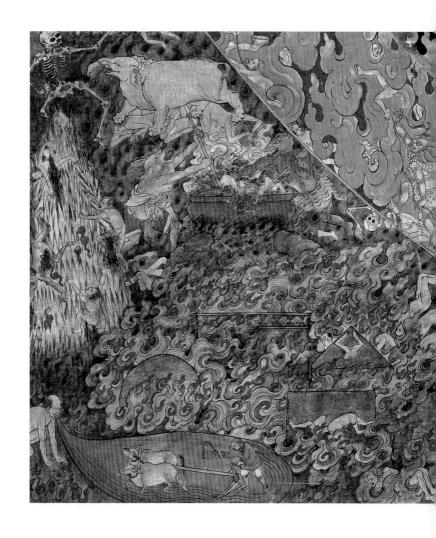

須彌山圖中的地獄（局部一，全圖見45頁） 唐卡 清代 西藏

（上頁圖說）佛教認為，在須彌山下就是地獄，其中有受苦的眾生，此唐卡的中心描繪的就是正在接受懲罰的亡靈。

須彌山圖中的地獄

（局部二，全圖見109頁）

　　藏密認為，喜馬拉雅山下就是「六道輪迴」的餓鬼道，而印度多傑殿菩提迦耶金剛塔下方是「地獄谷」。所以在這幅以須彌山為主題的唐卡中央，描繪的是地獄的情況。無數鬼魂與罪人在火焰與海水中煎熬著，而地獄裡的惡魔正在用鐵鋸切割罪人的身體，鮮血四濺；或者用火盆灌入罪人之口，痛苦萬分；還有的在刀山上爬行，致使渾身傷痕；或被投入鍋鼎中烹煮，被大象與猛獸踩踏……

　　「六道」中以人道為尊，是因為人可以修行。若出生為人卻不珍惜短暫的生命，實在可悲。人之所以無法見到其餘五道眾生，是因為眼識作用受到限制，不能感應的關係。

　　形似野豬與野牛的妖魔正用殘酷的刑罰，鋸開地獄裡的亡靈。這一刑罰乃是來自中國古代的獄典，並非佛教原有。

59

三、監獄與酷刑神話下的「地獄」

說到佛教地獄（Naraka），也就說到了六道輪迴中最殘酷的惡道之一。

地獄的梵文是「Naraka」，巴利文是「Niraya」，西藏語是「dmyal-ba」。Naraka 音譯作捺落迦，或作泥羅夜、那梨耶、泥犁。泥犁，是地下牢獄之意。也有人覺得把Naraka 叫做「煉獄」更適當。地獄裡的東西都是「惡業」。

中國人常用「十惡不赦」來形容惡人，「十惡」指的是什麼呢？

佛教中的「十惡」，也叫「十不善道」，即十種必打入地獄的行為。在六道輪迴思想中，這是地獄、餓鬼和畜生等「三惡道」苦報的業，故又稱「十惡業道」。在《未曾有經》中，曾提到十惡的具體內容：「起罪之由，為身、口、意。身業不善：殺、盜、邪淫；口業不善：妄言、兩舌、惡口、綺語；意業不善：嫉妒、瞋恚、憍慢、邪見。是為十惡，受惡罪報。」

彌勒佛圖

（右頁圖說）彌勒佛本名「阿逸多」，南天竺人，是釋迦牟尼弟子，後來從人間上生在兜率天內院中教化菩薩。據佛經所說，釋迦牟尼佛的教法會流傳一萬年，其後世界道德逐步提高，不再需要佛教，佛教便自行消亡了；而再過了八百餘萬年之後，彌勒菩薩將由兜率天下生此世界成佛。

彌勒的梵文是「Maitreya」，本意為「慈心」，故亦稱為「慈氏」。在傳統印度佛教及藏傳佛教的見解中，彌勒其實於無量劫以前早已成佛，但為應眾生之因緣，將會在未來人間龍華樹下示現成佛的事蹟。在本師釋迦牟尼示現人間的時候，彌勒為八大菩薩弟子之一。佛教之所有教法可分為廣行派及深觀派兩支傳承，其中廣行派法義乃由本師釋迦如來授予彌勒，再經無著、世親等歷代祖師傳至今天，而深觀派教法則由釋迦託付予文殊師利，經龍樹、月稱等歷代祖師傳至今天。

有「十惡」且程度嚴重的人，都要受非常大的苦報。

中國古代刑法中也列有「十惡」的名稱，如《隋書刑法志》裡的記錄，但晚於佛教。刑法中的「十惡」包括：謀反、謀大逆、謀叛、謀惡逆、不道、大不敬、不孝、不睦、不義、內亂等十條重罪，不在論赦之列。可以說，宗教與政治在對待罪惡與意識形態的懲罰上有一些類似。

或許宗教中那些被神化的懲罰，就是來自塵世監獄制度的變形。監獄是政治制度的地獄；地獄是生命輪迴的監獄。

佛教中的地獄主要分爲三大類：

佛的慈心與護持，連地獄中的鬼眾也能感受和沾染。

彌勒佛圖

（右頁圖說）彌勒雙手作印，表義他將大轉法輪。他的雙手各拈一龍華樹的花莖，表義他將於龍華樹下示現成佛之相。兩朵花的花心中分別托著一個法輪及一個水瓶，法輪表義彌勒將會於人間說法，水瓶表義他將生於婆羅門族中。據說，二千多年前釋迦如來示現成佛之相後，本來也沒打算轉法輪，後因帝釋及大梵天王以法輪及法螺等作禮祈請，他才開始說法。由此可見，示現成佛的聖者不一定會說法，但彌勒的手印及法輪表示他將開示正法。婆羅門族是印度的一個重要種姓，他們常備一個水瓶隨身，故此水瓶表義彌勒將來之生處。彌勒的頂上佩戴一座小小的佛塔，它表義彌勒之師承源自本師釋迦牟尼，而且也有開示敬師之道的意義。

63

1 八熱地獄

（1）等活地獄：又作「想地獄」。墮生此處的有情，手生鐵爪，互見時懷毒害想，以爪相摑。或因心意濁亂，摑裂自身，至血肉竭盡而死。然冷風一吹，皮肉還生，復受前苦。凡犯殺生罪、毀正見、誹謗正法者墮生此獄。

（2）黑繩地獄：此獄獄卒以熱鐵繩縱橫捆縛罪人之身，或斫或鋸。所受苦惱，十倍於前。凡造殺生、偷盜罪者墮生此獄。

（3）眾合地獄：又作「推壓地獄」。諸鬼卒驅趕罪人入兩鐵山間，罪人受到兩鐵山的擠壓，肉骨碎裂。凡犯殺生、偷盜、邪淫罪者，墮生此獄。

（4）嚎叫地獄：又作「號叫地獄」。或將罪人投熱鑊中煎煮；或將罪人驅入猛焰火室；或以鉗開罪人口，灌入烊銅，燒爛五臟。凡犯殺、盜、邪淫、飲酒者墮生此獄。

（5）大嚎叫地獄：又作「大叫地獄」。此獄罪人所受之刑罰如前面的嚎叫地獄，其苦更甚於前。凡犯五戒者墮生此獄。

（6）炎熱地獄：又稱「燒炙地獄」、「炎熱地獄」。令罪人臥熱鐵上，由首至足，以大熱鐵棒打碎成肉糜。凡犯五戒、邪見者，墮生此獄。

閻魔護法 唐卡 清代 西藏

（右頁圖說）閻魔天由於被文殊菩薩降伏後，皈依佛教，所以也成為了護法神。這幅畫面漆黑的唐卡中，所畫的即是成為護法神的閻羅，牛頭紅足，三目顯得異常的詭異神秘。

65

（7）極熱地獄：又作「大燒炙地獄」、「大熱地獄」。此獄罪人所受刑罰如前，其苦更甚於前。凡行殺、偷、邪淫、妄語、飲酒、邪見及汙淨戒僧尼者，墮生此獄。

（8）無間地獄：又作「阿鼻地獄」。此獄罪人所受之苦，無有間歇。凡犯五逆罪者，墮生此獄。

「八大地獄」的罪業分爲上、中、下三品，凡犯上品罪業者，墮生大地獄。犯中、下品罪業者，墮生小地獄。據《大毘婆沙論》卷一七二所述，此八大地獄各有四門，於其四門各有煻煨增、屍糞增、鋒刃增、烈河增等四地獄，故每一大獄計有十六遊增地獄。八大地獄是最根本的地獄，每一地獄中存有十六個小地獄，也叫「十六別處」。這樣，每一個地獄就共有十七個地獄。八大地獄加上這些小地獄後，便成了一百三十六個地獄——這是地獄的總數目。

譬如在第一個等活地獄中，就有以下十六小地獄：黑沙、沸屎、五百釘、饑、渴、一銅釜、多銅釜、石磨、膿血、量火、灰河、鐵凡、斫斧、豺狼、劍樹、寒冰等等。

佛教還認爲「八大地獄」中也是有情（眾生）的。眾生有壽量長短，據《俱舍論》所載：

平息地獄的十二鎮魔寺 唐卡　清代　西藏布達拉宮藏

（右頁圖說）西元七世紀，文成公主依照中國的《八十五行曆算觀察法》，推演出西藏的地形，據說是「儼若羅刹魔女仰臥的形狀」，於是她修建了著名的大昭寺，供奉釋迦牟尼以鎮壓魔女的心臟，又在紅山頂上修築王宮，鎮壓魔女的心骨。為了鎮住羅刹魔女以及地獄和「六道」中的其他各種妖怪，她還在四周連續修建了一系列的寺院，一共有十二座之多。這幅唐卡就是描繪當時那些古老寺院的情景。

人間五十年，為四天王天一晝夜，四天王天五百歲，才是等活地獄的一晝夜，而等活地獄中有情的壽命有五百歲。

人間百歲為三十三天一晝夜，而三十三天壽一千歲，等於黑繩地獄一晝夜，而黑繩地獄中有情的壽命有一千歲。

人間二百歲為夜摩天一晝夜，而夜摩天的壽命二千歲，等於眾合地獄的一晝夜，而眾合地獄中有情的壽命有二千歲。

人間四百歲為兜率天一晝夜，而兜率天的壽命四千歲，等於嚎叫地獄一晝夜，而嚎叫地獄中有情的壽命有四千歲。

人間八百歲為化樂天一晝夜，而化樂天的壽命八千歲，等於大嚎叫地獄一晝夜，而大嚎叫地獄中有情的壽命有八千歲。

人間一千六百萬歲，為他化天一晝夜，而他化天的壽命一萬六千歲，等於炎熱地獄一晝夜，而炎熱地獄中有情的壽命有一萬六千歲。

極熱地獄中有情的壽命為半個中劫。

無間地獄中有情的壽命為一個中劫。

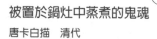

被置於鍋灶中蒸煮的鬼魂
唐卡白描　清代

統治地獄的陽體獄地主　唐卡　西藏　清宮舊藏

（右頁圖說）獄帝主也就是閻羅王，或稱法王。在藏密中，他只分三種身形：外修、內修和密修。這張唐卡上的獄帝主是男性，故叫做「陽體」。他頭戴骷髏冠冕，右手揮舞著骷髏杖，左手是金剛索，腰裡懸掛著很多人頭，站在一頭藍色公牛的背上，而公牛則臥在一男子身上。左邊是他的姐妹，即伴神「閻羅女」，正在獻給他一只血碗。上面正中是大威德金剛，兩邊是祖師，下面是閻羅王的侍從們。整個畫面透露出魔王的英武氣勢，璀璨卻又恐怖，讓人望而生畏。

69

2 八寒地獄與十六小地獄

《俱舍論》卷十一、《順正理論》卷三十一、《顯宗論》卷十六、《瑜伽師地論》卷四等所舉：

（1）頞部陀：謂受罪眾生因嚴寒所逼，皮肉皰起。

（2）尼剌部陀：謂受罪眾生受寒苦所逼，皰即破裂。

（3）頞哳吒：謂受罪眾生因寒苦而唇不能動，僅能於舌中作此聲。

（4）臛臛婆：謂受罪眾生受寒苦所逼，舌不能動，唯作此臛臛聲。

（5）虎虎婆：謂受罪眾生因寒苦所逼而口中作此聲。

（6）嗢鉢羅：謂受罪眾生因寒苦所逼，皮肉破裂，似青蓮華。

（7）鉢特摩：謂受罪眾生因寒苦而皮肉分裂，似紅蓮華。

（8）摩訶鉢特摩：謂受罪眾生全身凍裂變紅，似大紅蓮華。

八炎火地獄，即一系列的炭火坑、沸屎、燒林、劍樹、刀道、刺棘、鹹河、銅柱……等等。

被置於血海與枯骨中的罪人
唐卡白描　清代

陽體獄帝主　唐卡　西藏　清宮舊藏

（右頁圖說）這幅陽體閻羅王是很常見的形象，在畫面下方，供奉著一顆被燃燒的人心，而整個恐怖的嘎巴拉碗中裝的是象徵「五知五覺」的心、眼、耳、鼻、舌。

71

3 孤（獨）地獄

　　孤（獨）地獄很類似基督教中的「煉獄」。它不屬於上列熱地獄或冷地獄的範圍，而是另一種地方，它在山間、江河、地下、空中等處。

　　地獄位於環繞大海周圍的大金剛山與第二大金剛山之間，在兩界之間最狹處的萬由旬底下。但有另一傳說云，在南瞻部洲下，過四萬由旬處便是無間地獄，此地獄的縱、廣、高各有二萬由旬，在其上一萬九千由旬處有其他七個地獄，即次上爲極熱地獄，其次上爲炎熱地獄，再次上爲大嚎叫地獄……到最上則爲黑繩、等活等地獄，這七個地獄各個縱廣皆一萬由旬。

　　由旬（梵文Yojana）或作「踰繕那」，是古代印度的里程計算單位，一個由旬約合今日的四十里左右。所以最下層的無間地獄是在這個世界地底下的一百六十萬里（四萬由旬）之處。地獄有等級之分，越到下面越深是最受苦楚之地了。

　　地獄中又有歲月的演算法，人的六千歲等於地獄的一日一夜。又說，在無間地獄中，罪人的壽命是一個中劫，一個大劫是八十中劫所成，一大劫的年代是十三萬三千四百萬年。

陽體獄帝主 唐卡　西藏　清宮舊藏

　　（右頁圖說）這幅獄帝主也是男性的，牛頭獸身，火焰似的頭髮象徵威武，所不同的是上面有文殊菩薩——降伏過他的菩薩。另外，還有無所不知的克主、金剛持、四世班禪、七世達賴等諸位尊者，腳下與周圍共有十五個地獄裡的魔鬼侍從圍繞著他，正在折磨罪人的屍體，鮮血、骷髏與火焰向著無常宇宙飛賤，使他顯得無上的權威。

73

另外，還有「火車地獄」──以火車轢殺罪人的地獄：

火車，指車身有火燃燒，運載罪人至地獄，或作爲懲罰罪人之工具的車子。《增一阿含經》上說：「設罪多者，當入地獄，刀山劍樹，火車爐炭，吞飲融銅。」《大智度論》有載：提婆達多既犯三逆罪，且欲以毒箸傷佛，故於往王舍城途中，地自然破裂，火車來迎，生入地獄。據《觀佛三昧海經》卷五所載，此地獄有銅鑊，縱、廣四十由旬，其中盛滿火，下有十二輪，上有九十四火輪，誑惑邪命作惡者，氣絕命終後在火車上，肢節燃火，身體燋散。獄卒呼喚，應聲還活。火車轢身十八返，身碎如塵，天雨沸銅遍灑身體，其人即還活，如是往返，一日一夜受九十億生死。

地獄中的骷髏骨架

唐卡白描　清代

陽體獄帝主（局部）

　（右頁圖說）獄帝主為主管地獄之王，牛頭獸相，頭帶五骷髏冠，血口大張，右手揮舞著骷髏杖，左手持繩索，跨立於牛上，牛蹄下踩屍體。

火車地獄　唐卡白描　清代

　　再者，如「刀輪地獄」：

　　刀輪地獄，指用刀山、刀輪處罰罪人的地獄；為樂見他人苦惱，殺害眾生者所生之處。據《觀佛三昧海經》卷五所述，此地獄四面皆山，不但山間刀積如塼，而且虛空中也有八百萬億大刀輪如雨滴下。罪人臨命終時，患逆氣病，煩悶滿心如堅石，內心乃有「欲得利刀削之為快」之念。是時，獄卒應念而來，告以願持利刀割除重病。罪人聞之大為歡喜，故命絕生於刀山之間。四山一時合攏而來，斬切其身。

　　其次，獄卒又驅諸罪人令登刀山，未至山頂，罪人即傷及足胸，然以畏獄卒，故仍匍匐登山。既至山頂，獄卒又以刀樹撲之，未死之際，鐵狗、鐵蟲復來唁咬。又有腳著鐵輪，從空中落下。

　　這樣一日一夜，六十億生死。經八千萬歲，轉入畜生道。五百世後，再受卑賤人身五百世，才有機緣遇到一個善知識，開始發心向佛。

被刺穿身體的罪人
唐卡白描　清代

吉善金剛　唐卡　西藏　清宮舊藏

　　（右頁圖說）據說吉善金剛是起源於中亞的一個神靈，是印度那爛陀寺裡一個傑出僧侶的精靈化身。由於犯了很多罪過，為了懲罰，他被輪迴流轉，投胎成為一個在西藏遊蕩的妖精，試圖阻止蓮花生大士入藏傳播佛法。後來他被降伏，成了護法神。他的形象通常是頭戴紫色帽子，手裡握著一顆滾燙可怕的人類心臟，騎在一頭雪白的獅子上，而獅子底下還有一個被踐踏的男子。他右手的金剛杵預示著佛法的無邊威力。

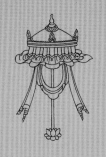

六道輪迴

一、輪迴與「趣」的淵源

佛教所謂的「輪迴」，梵名Samsara，西藏文hkyor-ba，英文Transmigration，中國譯為「輪迴」，或稱「生死輪迴」、「輪迴轉生」等等。梵名原意是「輾轉」、「流轉」、「流轉的世界」，指一切眾生由於惑業所致，生死於三界六道之中，如車輪般地回轉，永無窮盡。

業（Karma）——就是輪迴的基礎。

這個Samsara也能譯作「生死、再生與再死（birth and death, rebirth and redeath）」或者「生死、死生、生生死死（ever-recurring samsara or Transmigration）」。

輪迴中共分為六道——天道、人道、阿修羅道、畜生道、餓鬼道、地獄道。這個道也叫做「趣」（Gati），而稱「六趣」。趣就是趨向——意思是指眾生由業所引、所往之處。

六道的說法並不完全統一，也有佛經只講五道（趣）的：即地獄、餓鬼、傍生（畜生）、人與天；其中缺少阿修羅道。

毘沙門天與閻羅王　古格大威德殿壁畫　西藏扎達

（右頁圖說）佛教中「四大天王」的來歷和佛教的宇宙觀有關。佛教分宇宙為三界：欲界、色界、無色界。在三界中，欲界為最低一界，地獄、餓鬼、畜生、阿修羅、人及一部分天神居於此界。欲界的天有六重，即「六欲天」。第一重即四大天王的住處，佛經上說四大天王就住在須彌山山腰，東方持國天王梵名「提多羅吒」，南方增長天王梵名「毘流馱迦」，西方廣目天王梵名「毘留博叉」，北方多聞天王梵名就是「毘沙門」。據說在四天王中，以北方多聞天王單獨出現的場合較多。

相傳，毘沙門天經常維護如來道場，因而得以時時聽聞如來說法，故名多聞天王。據說他與吉祥天女是夫妻或兄妹。在印度，他又是主司施福護財的善神，故在四天王中，其信徒最眾。在他渡海之際，常常散下金銀財寶。在四天王的配

置關係中，他被安排率領地獄裡的夜叉、羅剎將等，守護北方鬱單越洲。

毘沙門天的形象，多為身穿甲冑的武將，面現忿怒畏怖之相。一手托寶塔，一手持矟拄地；或一手持戟，一手托腰。身青黑色，足踩二夜叉鬼。因受民間神話影響，在一些佛教寺院中，所塑多聞天王大多為頭戴毘盧寶冠，一手持傘，以表福德之意；或坐或站，腳下踩有夜叉鬼。

此外，另有一種叫兜跋毘沙門天的像，身著西域式甲冑，一手捧寶塔，一手持三叉戟，以堅牢地神支其兩足，腳下蹲有二邪鬼。據說兜跋本為西域國名，後來人們以「兜跋」訛為「刀八」，又進一步誤解為刀八之意，於是塑造了各種刀八毘沙門像。兜跋毘沙門像在唐時就傳到日本，後被作為能鎮護國土、拒退怨敵的神將，與管理地獄的閻羅王一起受到崇拜。

　　譬如天道，梵名deva，又稱天趣deva-gati、天世界deva-loka、天界、天道、天上等，昔譯「提婆」。天界是大神、鬼及諸眾生所住之處，其一部分在須彌山中，另大部分在天空之間。《正法念處經》二十二：「諸樂集故，名之爲天。」《妙法蓮華經文句》卷四：「天者，天然自然勝，樂勝，身勝，故天爲勝，眾事悉勝餘趣，常以光自照，故名爲天。」《婆娑論》說：「於諸趣中，彼趣最勝最樂最善，最妙最高，故名爲天。」《止觀》云：「自然果報名爲天。」《大乘義章》則說：「天者，如雜心釋有光明，故名之爲天，此隨相釋。又云天者淨故名天，天報清淨故名爲淨，若依持地所受自然，故名爲天。」

　　輪迴所牽涉的主要神學空間還有兩個，即「須彌山」與「六欲天」。

沙朗朗廈　唐卡　民國　羅布林卡藏

　　（右頁圖說）在藏密中，並非一切都來自對修行的嚴肅認識。佛教中是存在宿命論觀點的，譬如這張唐卡圖，就是一張僧人對輪迴思想的遊戲圖。圖畫上有天道、人道、餓鬼與地獄道等，一共組成了六十四個小格子，每個格子上還標明了途徑。另外還有一個骰子，每面寫一字，即阿莎卡塔熱亞字母。玩的時候人數不限，輪流投擲骰子，以骰子上面的字與圖畫上的字相對爲準，該進則進，該退則退，以先到天宮者爲勝。出家人戒律嚴格，不玩遊戲，這是喇嘛寺院裡唯一准許玩的東西，目的也是爲了讓僧侶熟悉關於六道輪迴的教義，以及佛教思想中流轉變化的偶然性。據說這種遊戲是自十一世紀流傳下來的。

六道輪迴圖：死神閻魔轉動生命之輪

布本設色唐卡　清代　西藏

　　（上頁圖說）這幅六道輪迴圖，也就是通常所稱的「生死之輪圖」。這一藏傳佛教的經典圖式所描繪的，是無明眾生的心理狀態或生存境界。除了絢麗無比的色彩、對比強烈的對稱美學，六道輪迴圖是啓迪修行人的明鏡，通常繪製在寺廟入門左首，為僧侶及朝聖者提供審度自身的機會。

　　第三圈，沿順時針方向，最左首為畜生界，其次是善妒的阿修羅界。在曼荼羅頂部，是天界有情短暫的天堂。天界之下是人界，在佛家看來，這裡匯聚著最多的悲喜，最能夠激發修行之念。在每一界都繪著一尊佛，立於雲端，象徵每一種人生境地（無論多麼恐怖）都能夠為我們提供證悟的機會。

　　六道輪迴圖被擁抱在閻魔死主長著利爪的羽翼之中。閻魔死主是妄執和死亡之神，頭戴五骷髏冠，象徵六道眾生無一可逃離死主的掌握。渾身包裹著火焰和虎皮，腳上鏤刻的經文和前額正中的天眼，象徵著生命的輪迴並非幻象，而是芸芸眾生不可回避的生存現實。

　　如果我們漠視時間的流逝和禪定修行的挑戰，就會像這幅唐卡左下角的骷髏一樣，令自身虛擲於營營役役的凡塵遊戲中；或是如同圖右首所示，不斷地陷入與心魔的鬥爭之中。在曼荼羅下方是端坐於雪獅背上的毘沙門天王（財寶天王）。在生死輪迴圖中，所有財富最終都會歸於虛無──除卻能參透本真的智慧。這些無價珠寶都變成了如意寶珠──得菩提者心中的財富。

豬、雞、蛇代表痴、貪、嗔三毒。

中央局部（第一組，1）

　　在圓形曼荼羅圖（mandala）正中央示有三種動物：豬、雞、蛇首尾相連，分別象徵痴、貪、嗔三毒，這些是令人產生痛苦與不滿足的因由。據說人死後會轉化為別的六種生命形式，也就是佛家所謂的「輪迴」。環繞在內圈之外的第二圈是修行道路上的芸芸眾生：一條金色細線牽引他們穿越時間和輪迴的禁錮，飛升佛境。在右邊，凡人為煩惱障所消，墮入愚痴之域──被寒冰和烈火吞噬的餓鬼界和地獄界。

　　輪迴圖正中繪著梵文咒語的音節：om（嗡）、ah（阿）、hum（吽），意味著豬、雞、蛇所象徵的痴、貪、嗔三毒得到了淨化。

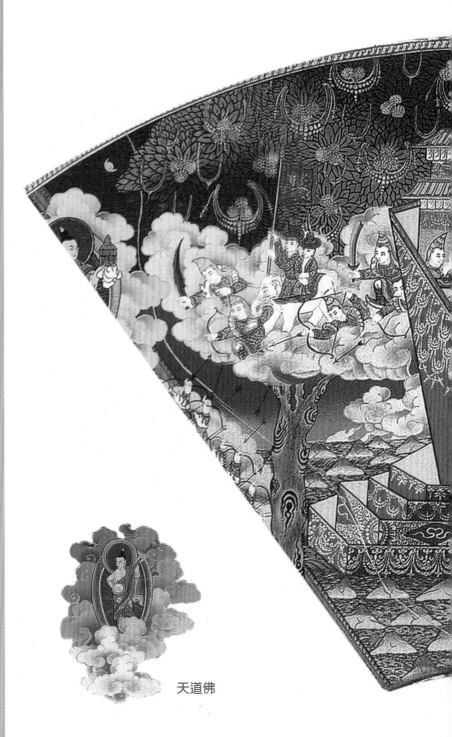

天道佛

天道（第二組：2a）

　　天，是天然自然，享樂殊勝、身形殊勝之義，此道眾生，居六道之首，威德特尊，神用自在，故名為天。

　　天道，儘管居住在擁有無盡珠寶與無量光明的宮殿之中，天界有情仍然會面臨業力耗竭的風險。

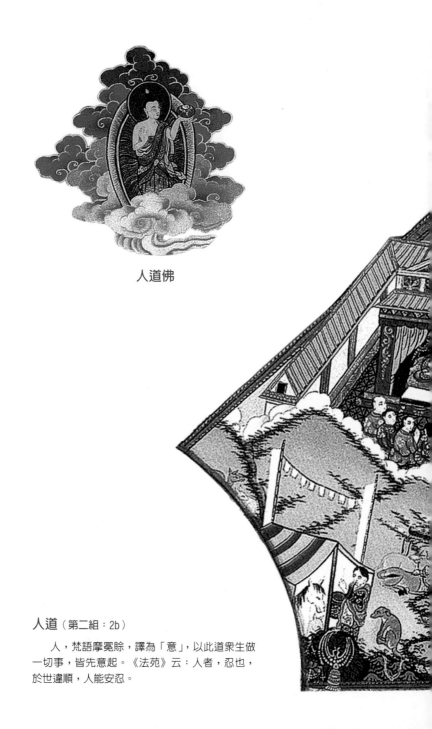

人道佛

人道（第二組：2b）

　　人，梵語摩㝹賒，譯為「意」，以此道眾生做一切事，皆先意起。《法苑》云：人者，忍也，於世違順，人能安忍。

餓鬼道佛

餓鬼道（第二組：2c）

　　餓鬼，梵語音譯為闍黎多、薜荔多、閉戾多、俾禮多、卑利多、彌荔多，即鬼道、鬼趣、餓鬼道。又，鬼者畏也，餓云飢餓，此道眾生，多受飢餓畏怖，故名餓鬼。

　　當人道眾生不能追隨他們更高級的天性——也就是給予和接受修行教誨——貪念就會令他們墮入與下界餓鬼類似的心理境地。這些餓鬼腫脹的肚腹和細長的喉嚨顯示，無論他們吃下多少東西，他們都永遠不會滿足。等待著那些為怨怒和爭鬥之心所吞噬的人的則是更加殘酷的命運，在輪迴地獄中，他們將成為貪婪的奴隸，為自己的憎恨所束縛和責罰。

93

地獄道（第二組：2d）

它是最苦難的器具，是造惡眾生受苦受難的極限之地。

地獄道中的眾生，在人間一晝夜間，就要經歷數萬次的死與生。地獄眾生的每一期生死，皆要受到痛苦折磨，如上刀山、下油鍋、研磨成灰燼……等種種難以想像的痛苦。

地獄道（局部一）

閻羅王正在審判有罪的亡魂。

地獄道（局部三）

地藏手捧琉璃，欲度地獄眾生。

地獄道（局部四）

罪人受銅鼎蒸煮之苦。

地獄道（局部二）

罪人受洪水淹沒之苦。

地獄道（局部五）

罪人受綁縛之苦。

地獄道（局部六）

罪人受斷頭燒烤之苦。

畜生道佛

畜生道（第二組：2e）

畜生，梵語底栗車，亦云「傍生」，以其形傍（身多橫住），行為亦傍（心多不正），故云傍生。

畜生道中的眾生，最大的特點就是愚痴，完全不能體會任何苦樂。它們不是碌碌奔命，便是為人界眾生所驅使，被擠奶、穿鼻、勞役，乃至宰殺為食。

阿修羅道（第二組：2f）

阿修羅，此譯為「無端正」，又譯為「無酒」，或云「非天」。以此道眾生男醜女端，故名無端正。又因遍採名花，醞於大海，欲成香醪；但以魚龍業力，其味不變，故云無酒。因多嗔多忌，雖有天福，而無天德，故名非天。

儘管生長在充滿妒心和貪欲的阿修羅界，如意果樹卻在天界開花結實，永遠不為阿修羅界所享用。善妒的阿修羅屢屢砍斫如意果樹，以獲得內心滿足，因而不斷與天界開戰。

阿修羅道佛

101

製陶表示「行」、「作業」之意。

第二支（第三組：3b）

第二支象徵「行」，畫著一個製陶器的人，正如同製陶器的匠人用轉輪將陶泥變成不同事物一樣，人的行為會引發種種形式不同的業。

第一支（第三組：3a）

第一支畫著一個拄著枴杖的人，象徵「無明」。

瞎眼老者手拄枴杖，艱辛地行走在雪山和草地上，此行象徵著十二因緣之始——無明。另一個人則為他指路，象徵佛所指引的方向。

猴子表示「識」。樹上掛滿了果子，猴子認識了其中一顆摘取。

第三支（第三組：3c）

第三支是「識」，以樹間的猴子來表示。

六道輪迴圖的最外圈

六道輪迴圈的最外圈繪製的是推動我們經歷天堂與地獄的十二因緣，共十二支。

「名色」：以一個站在水邊等待渡船的人來顯現。渡河象徵新的一生開始了，前一生也在同時結束。

第四支（第三組：3d）

第四支是「名色」，一般以撐船擺渡來表現。這裡則以一個人物來表現，代表受、想、行及識四蘊。

「六入」：以一間有六個窗戶的空屋為其象徵，表示人在母胎發展中的六根。雖有六窗代表六入，而屋內卻空無一物，也就說沒有引起六入反應的對象。

第五支（第三組：3e）

第五支是「六入」，以一座有六個窗口的空房子來表現眼、耳、鼻、舌、身、意等六種友情生命接受外部信息的管道。

第六支（第三組：3f）

第六支是「觸」，以男女交合來表現。在感官、外界事物及心識三者碰上時，便產生了樂、苦及中性的全心知覺。

「觸」：男女互相擁抱交合，使男女雙方從肉體到精神上達到「你中有我，我中有你」的境界。表徵一旦「六入」中任何一個起了反應，或與事物之間發生了相互作用，如眼見到色、耳聞到聲等，此刻即名為「觸」。

「取」：一個正採擷果實的人。圖中的樹與所結的果實，就是表徵那些積業所產生的業果。

第九支（第三組：3i）

第九支是「取」，以一個婦人探取果實表義。這裡的取具代表未來的生，在下一圖中以一個懷孕的女人來表述。

「愛」：象徵「愛」的是一個沉溺於美酒鮮食等物欲的人。

第八支（第三組，3h）

第八支是「愛」，圖中以一個嗜酒的人表義。

第七支（第三組，3g）

第七支是「受」，對樂、苦及中性的經驗，便會分別產生喜歡、厭惡及中性的分別感受。在圖中，此支以一個眼睛中箭的人來表達。

一邊的眼睛中箭，所感受到的疼痛可想而知。「受」：接觸後，立即感覺到的就是「受」。

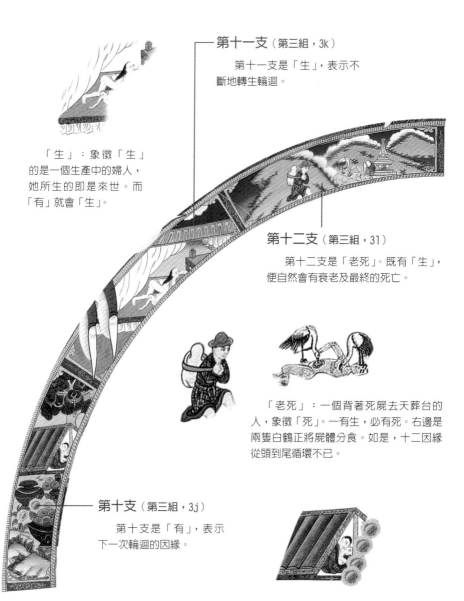

第十一支（第三組，3k）

第十一支是「生」，表示不斷地轉生輪迴。

「生」：象徵「生」的是一個生產中的婦人，她所生的即是來世。而「有」就會「生」。

第十二支（第三組，31）

第十二支是「老死」。既有「生」，便自然會有衰老及最終的死亡。

「老死」：一個背著死屍去天葬台的人，象徵「死」。一有生，必有死。右邊是兩隻白鶴正將屍體分食。如是，十二因緣從頭到尾循環不已。

第十支（第三組，3j）

第十支是「有」，表示下一次輪迴的因緣。

「有」：男女的交合使之有了受精卵，從而使新的生命又投入到新的輪迴中。

上方長條局部圖說（第四組）

　　一組聖人（左）正俯瞰著六道輪迴圖。正中央的是普賢菩薩與他的坐騎，代表著虛空和表象的不可分離性，在由藍色蓮花和五彩光明所構成的天界中有一尊佛像，其頭頂是次第排列的五方佛，或「禪定佛」，代表將五種煩惱轉化為智慧。白色的是大日如來，「光明遍照一切宇宙萬物」，雙手結施說法印，將大慈悲化為大光明。黃色的是寶生如來，「財寶的創生之源」，代表福德財寶。深藍色的是不動如來，「無動」，以指觸地，代表大智慧。紅色的是阿彌陀佛，「無量光佛」，代表將煩惱轉化為無盡的慈悲。綠色的是不空成就佛，雙手向上結施無畏印，表示「一切有成，無所阻隔」。綠度母和白度母手捻蓮花，代表超越輪迴的大智慧。

文殊菩薩、觀音菩薩和金剛手菩薩，合稱「三族姓尊」，分別代表智慧、慈悲與伏惡。征服過閻羅王的文殊菩薩手持燃燒的寶劍，代表智慧。觀音菩薩手持大慈大悲寶珠。金剛手菩薩的烈焰式頭光，表現出密宗的無畏力量。

另外，宗喀巴大師也在其中出現，他是藏傳佛教格魯派（俗稱黃教）的創始人，圖中他結施說法印。而八世紀藏密的聖人蓮花生大士也矗立圖中，他頭戴著名的紅色蓮花帽，胸前持金剛杵，象徵堅定地追尋解脫輪迴。

下方長條局部圖說（第五組）

下地獄的人墮入火海冰窟的地獄裡，在下油鍋的恐懼中，還要硬著頭皮與夜叉和判官打牌。

1 關於「須彌山」

佛教來源於古代印度教義的東西很多，並不是完全由釋迦牟尼自己總結的信仰。古代印度教徒曾以爲在宇宙間有一座高山，名叫須彌山（梵文Semnru），又稱「妙高山」。佛教則發展了這種想像，認爲在山腰有四大天王神，在山頂有三十三天神，在山頂凌空處更有各種天宮天神。須彌山高八萬四千由旬，山根浸入水中八萬四千由旬。《長阿含經》云：「佛告比丘，今此大地深十六萬八千由旬，其邊無際……須彌山王入海水中八萬四千由旬，出海水上，高八萬四千由旬。」山上的風景甚美，有山有水，有美麗豪華的宮殿等。「其山直上無有阿曲，生種種樹，樹出眾香，香遍山林，多諸賢聖，大神妙天之所居止，其山下基純有金沙，其山四面有四埵出，高七百由旬雜色間廁，七寶所成，四埵斜低，曲臨海上……其四埵高四萬二千由旬，四天大王所居宮殿……須彌山頂有三十三天宮……過色究竟天上有空處智天、識處智天、無所有處智天、有想無想處智天。齊此名眾生邊際，眾生世界，一切眾生生、老、病、死、受陰、受有，齊此不過。」

須彌山圖 唐卡 清代 西藏

（右頁圖說）按照藏傳佛教時輪部的說法，所謂的「須彌天體」——須彌山的形狀與地球相似，但也不完全相同，它的下面是半球形，上面又是球形的。時輪部把整個南大洲，即現在的地球分為十二個地段，太陽晝夜運行都要照遍十二段——這已經相當接近現代天體學了。據說須彌天體是由四種寶石形成的，南面是寶藍色，因此，我們居住的這個南贍部洲（地球）的天空呈現藍色。對人類來說，須彌天體實在是太大了，超出了我們的視覺範圍，所以它只是個「存在事件」，而不是個「視界事件」，我們目前還無法看到它。在須彌天體周圍，類似地

109

（接上頁圖說）球人類這樣的生靈系統，還有其他三個，這就是佛教所謂的四大部洲：東勝身洲、南瞻部洲、西牛貨洲、北拘羅洲等。此幅唐卡表現的就是這樣的「妙高」境界。

唐卡中，四周是大海，每一重海，間一重山，至第七重金山外有鹹海，鹹海之外有大鐵圍山。在鹹海的四方就是東勝身洲、南瞻部洲、西牛貨洲與北拘羅洲，又名「四天下」。每洲旁各有兩中洲、數百小洲為眷屬。如是九山、八海、一日月、四洲、六欲天，至無色界四天為一小世界。集一千個小世界為一中千世界。集一千中千世界為一大千世界，其間有三個千的倍數，故名「三千大千世界」。以現代科學來說，一個小世界就是星系，娑婆世界指的是太陽系；每個星球皆有七重金七重海構成，此即萬有地心引力之由來，重力將每個星系集中為星系群，這就是一中千世界，科學家稱它為銀河系。由此可以證明蒼穹的宇宙至少有不同的三個銀河系所含攝。堅固色（地球）以須彌山為基礎，山頂有四階，住阿修羅，須彌山四周是四大部洲，有海，海中住八大龍王。山頂上是欲界六天，有三十三處，非三十三層。由下依序遍及六道眾生。最上是天道，再下四階處是阿修羅，四大部洲住人類及畜生。

須彌山圖（局部）

（右頁圖說）因為佛教認為「虛空」含有「三千大千世界」。而每一個小世界結構皆同，中央是須彌山，矗立在大海中央，須彌山安住於十字杵地輪之上。地輪之下為金輪（岩層），再下去為火輪（地心熱岩漿），風輪包圍在外（大氣層），風輪之外便是虛空。須彌山似一四面形的山，底部有四個方形階梯，上面是方形的頂，越上則越寬廣。山腰有日月，四大天王居山腰四面，忉利天在山頂。忉利天華譯「三十三天」，是欲界六重天中的第二重天，其宮殿在須彌山之頂。中央之主名「釋提恆因」，其有三十二位天臣，分居忉利天的四方，此天一晝夜，地球日一百年。在忉利天之上有時分天、知足天、樂化天、他化自在天，再上為色界十八天、無色界四天。須彌山下還有七重金山、七重香水海圍繞。

《立世阿毘曇論》上記載，須彌山四周有七大海、七大山，順次圍繞。全山由風輪、水輪、金輪三層支撐。須彌山是固定不動的，日月星辰都在此山四周圍繞。須彌山的最外層海水中，有東南西北四大洲（四大陸）——即東勝身洲、南瞻部洲、西牛貨洲和北拘羅洲。

近代一些佛教徒則更加發展了這種說法，認為南瞻部洲便是我們今日所住的地球，又稱「南閻浮提」。它看似一種物質體，因有山有樹有寶物，但也像是一種精神界的存在，因為山上還住有各種鬼神。

在熊熊烈火中，地獄是有罪眾生接受懲罰的地方。

談論佛法的天人

在天界中的有情生命已免除了五欲之苦。

地獄中受苦的眾生

2 關於「六欲天」

　　佛教在自己創立的宇宙「須彌山」中還歸納有欲界六天，以及其上的色界十八天、再上的無色界四天，共計三界二十八天——這是佛教天的總數。

　　須彌山山腰住的那四位天神，俗稱「四大天王」，分別名為東方持國天王、南方增長天王、西方廣目天王、北方多聞天王。尤其是北方多聞天王——後來又叫「毘沙門天」，由於他後來成為戰爭與軍事的保護神，而戰爭造成的死亡又最多，所以還經常與地獄裡的閻羅王一起出現在壁畫或唐卡上，成了普度亡靈的「軍神」；另外，他也被藏傳佛教繁衍為紅、黃、黑、白、綠等「財神」。中國佛教寺廟中的四天王即此四神。

　　四天王有部屬伽樓羅足、持鬘、喜樂等鬼神。譬如《阿含經》說：「四天王所住宮殿，有七重寶城欄楯……乃至無數眾鳥相和而鳴。」凡在生前曾修十善者，死後都可以生此四王天。

四大天王之一——東方持國天王

　　佛教吸取印度古代神話和古印度教中關於「天」的種種說法，提出「三界說」。三界即欲界、色界、無色界，世間一切「有情眾生」皆在三界中「輪迴」不已。三界中，欲界為最低一界，人類社會居此界，地獄、餓鬼、畜生居此界，諸天神亦居此界。不過，天神住在此界天上，天有六重，即「六欲天」，第一重叫「四天王天」，離人世最近。這裡就是四大天王的住處。

　　右頁圖中所畫為東方持國天王，名「提多羅吒」，身白色，穿甲冑，手持琵琶。「提多羅吒」是梵文的音譯，意譯為「持國」。「持國」的意思就是慈悲為懷，保護眾生。他是主樂神，故手持琵琶，表明他要用音樂來使眾生皈依佛教。

《六趣輪迴經》則云：「樂修十善因，於他無損害，諸天獲持，得生四王天。」

也就是說，佛教認爲「天道」仍在輪迴之中，所以四王天中的神鬼有他們規定的壽命，頂多可活五百歲。人間五十年相等於四王天中的一日，所以四王天的一年，相當於人間的一萬八千二百五十年，五百歲則相當於人世間的九百一十二萬五千年！

《長阿含經》說：「四天王壽天五百歲，少出多減。」據說，四王天中諸眾生，活滿這些年歲後，便是福報滿盡，又要墮落到別道中去受苦了。《過去現在因果經》上載：「諸天雖樂，福盡則窮，輪迴六道，終爲苦聚。」《正法念處經》說：「如是天中所受之樂，乃至善業不盡，業盡還退，隨業受生，或墮地獄餓鬼畜生。」《分別功德論》說：「從四王天至二十八天，諸受福者儘是生天，所以言生天，流轉不息，不離生死，故曰生死也。」

這些都是爲了說明四大天王和輪迴世界的密切關係。

即便是這些天神，也都還無法超脫輪迴。不單四王天福報用盡會墮落，佛教的其他天界也都無法脫此命運，未能了卻生死輪迴。古代印度人相信他們所信的神明也會墮落，譬如火神阿耆尼（Agni）。佛教受古代印度教思想影響，所以認爲鬼神也會墮入輪迴流轉。

四大天王之一──南方增長天王

（右頁圖說）南方增長天王，名「毘流馱迦」，身青色，穿甲冑，手握寶劍。「毘流馱迦」是梵文的音譯，意譯爲「增長」。「增長」指能傳令眾生，增長善根，護持佛法。手持寶劍，爲的是保護佛法，不受侵犯。

據說，須彌山山頂還有忉利天，最高神是天帝釋（Sakra-devanam-mdra）。山頂呈四角形，各處有一峰，有三十二個天神分居四方，連天帝釋的善見宮在內，共有三十三個宮殿。《長阿含經》稱：「須彌山頂有三十三天宮，寶城七重欄循……」因此，忉利天又稱「三十三天」。

基督教傳到中國後，為了軟化兩個宗教之間的矛盾，一些佛教徒甚至把基督教的耶和華上帝，說成是這位三十三天中的天帝釋，於是便把上帝也圈入「六道輪迴」的眾生之內了。當然這是無根據的，基督教徒認為這是佛教徒在「含血噴神」。

「忉利天」壽命有一千歲，以人間的一百年為一日，期滿便要墮落，所謂「忉利天壽天千歲」。四王天與忉利天仍都在須彌山，故屬「地居天」。這裡的男女以性器相交為成佛的根本，這也是唐卡上常見的「歡喜佛」的來源之一。

四大天王之一──西方廣目天王

（右頁圖說）西方廣目天王，名「毘留博叉」，身白色，穿甲冑，手中纏一龍。「毘留博叉」意譯為「廣目」，即能以淨天眼觀察世界，護持人民。他為群龍領袖，故手持一龍（也有的作赤索），看到有人不信佛教，即用索捉來，使其皈依佛教。

另外，須彌山頂的凌空蒼天處有夜摩天，又稱「焰摩天」，主神是須夜摩天（Suyama-devaraja）。唐卡上的「閻羅王」也叫「焰摩天」，就源自此神的原型。焰摩天壽命二千歲，以人間的兩百年為一日。此天中，男女以相抱為性事。

夜摩天上面是兜率天，主神刪兜率陀天王（Samtusita devaraja），壽命四千歲，以人間的四百歲為一日。兜率天中又分內院與外院，內院是諸佛菩薩大士住處，其地無有變化，故無壽命限制。兜率天與佛教的關係非常深遠，佛教迷信此天是諸佛下降人間成佛必經之處，如《阿含經》說的：「佛告比丘，毘婆尸菩薩從兜率天降神母胎。」釋迦牟尼據說也是由此天下降凡塵，而未來佛彌勒菩薩將來也要從此天下來，拯救世人。

再上去是「樂變化天」，又稱「化自在天」或「變化天」。此天能藉神通力，自化五妙欲境，主神善化天王（Sunirmita-devaraja）壽命八千歲，以人間的八百歲為一日。

四大天王之一──北方多聞天王

（右頁圖說）北方多聞天王，名「毘沙門」，身綠色，穿甲冑，右手持寶傘（又稱「寶幡」），左手握神鼠──銀鼠。「毘沙門」意譯即「多聞」，比喻福、德之名聞於四方。手持寶傘，用以制服魔眾，保護人民財富。他在四天王中信徒最多。

再上去，便到達欲界六天的最高天——「他化自在天」了，又稱「他化天」，主神自在天王（Vasarto-deVaraja），壽命一萬六千歲，以人間的一千六百歲為一日。自在天王在佛教中被稱為魔王，也就是前面闡述過淵源的「魔波旬」——他常率領臣民，與人間的佛教徒作對。

自夜摩天至他化自在天，因在空中，故稱「空居天」。

四王天、忉利天、夜摩天、兜率天、化樂天和他化自在天，共計六天，佛教稱作「欲界六天」，此六天的有情都仍在六道輪迴中受苦，福報滿盡，便要再轉別道。

除四王天外，要能升到忉利天至他化自在天的資格，按《六趣輪迴經》的總結是：

「於父母三寶，恭敬隨能施，具忍辱柔和，得生忉利天。

自不樂忿諍，勸他會和順，純善修淨因，得生焰摩天。

樂多聞正法，專修解脫惠，喜贊他功德，得生兜率天。

於施戒諸行，自性常愛樂，起精進勇猛，得生變化天。

是最上有情，其沙門梵行，增長解脫因，得生他化天。」

「六道輪迴」浮雕 大足石刻 宋代 四川

（上頁圖說）這尊關於「六道輪迴」的浮雕，位於四川大足寶頂大佛灣三號，高七‧八公尺，主要刻畫的是猙獰的「轉輪法王」，他雙臂懷抱著「六趣輪」，輪分四層：內層當中有一菩薩跏趺而坐，從菩薩中部發出六道絢麗的毫光，並在光束中分別呈現出五至八個「月輪佛」。

第二層環刻六道，也就是天、人、餓鬼、地獄、畜生與阿修羅道。

第三層複雜一些，環分十八格，刻畫有將軍、老者、漁翁等各色人物。

第四層也有十八格，刻畫了輪迴轉世時，各種生靈變化的圖像。

　　大足的「六道輪迴」浮雕，恐怕是中國唯一一座關於佛教「六道輪迴」的彩色浮雕，無論在宗教上、藝術上，還是在宣傳因果報應的通俗意義上，都達到了絕對的頂峰，是別的石窟所沒有的。

二、「六道」的分野與歸納

佛陀概括世間一切有情眾生，一共六大種類，分別是：天、人、阿修羅、畜生、餓鬼、地獄，這就是「六道」。

有許多哲學家、生物學家，都對世界進行過概括分類。譬如古希臘的亞里斯多德就將世界概括為三大體系：動物、植物與礦物。而對於其中的動物，亦有其不同的分類法。每個人的智慧不一樣，佛陀釋迦牟尼相對是最「圓滿」、最面面俱到的。這種特殊的觀察在佛教中被比喻為「法眼」或「佛眼」。因為釋迦牟尼不但能看見凡人肉眼所見的一切——人（高等動物）與畜（一般動物）這兩道，還能看見凡人肉眼所看不見的幽冥世界——天、阿修羅、餓鬼以及地獄四道。因為世界的表象並不是本質，世界的存在也不僅僅是一般物質。

關於六道眾生的狀況，在佛教教義中千差萬別，一一細說將非常繁雜，以下將每道眾生按「類受」與「苦厄」兩類來介紹：

類受——「類」指正報身心的種類，「受」指依報世界的享受。其中依報，諸多種類，單舉壽長，以推餘福。

苦厄——「苦」即痛苦，「厄」是災厄。六道果報，固然有別，總之不離觀受是苦。

六道輪迴圖　唐卡　西藏　清代

（右頁圖說）閻魔天懷抱著巨大的「六道之輪」，其中詳細地分類了「六道」中各道的畫面，頂上的是天道，左邊是人道，最底下是地獄道以及餓鬼道等，主要顏色使用為金黃與藍色，加深了畫面的反差美感。關於「六道輪迴」的完整畫面，在眾多的唐卡裡並不多見，這是最典型的一幅。

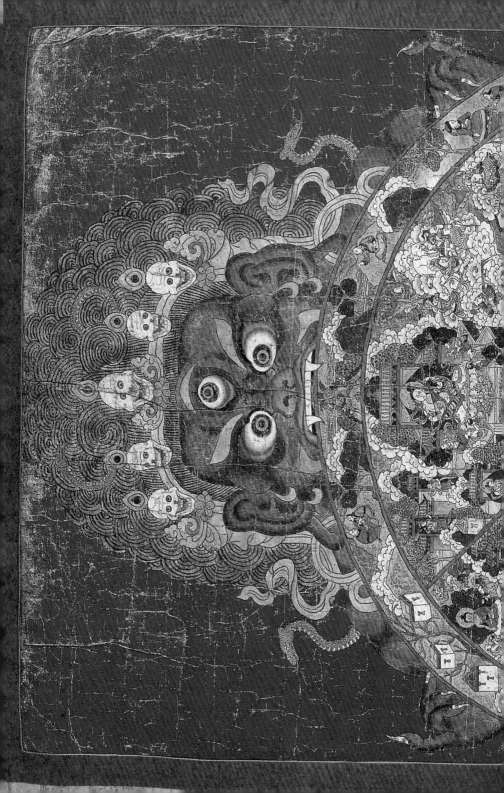

1 天道

「天」是天然、自然，享樂殊勝、身形殊勝之義；此道眾生，居六道之首，威德特尊，神用自在，故名為「天」。

從「類受」言：共分三界，即欲界、色界、無色界（亦名「空界」）；自下而上，計二十八層天。其中欲界六層，亦如人間，有男女飲食之欲；其第二層名忉利天，居須彌山頂，自有三十三天（此三十三天，就橫面言），即山頂四角，各有八天，中為帝釋天主，世俗所尊玉皇上帝，即指此言；而第六層，則名他化自在天，卻是魔王波旬所居。又，色界有四禪十八層天，皆有禪定，已無男女飲食之欲，猶帶身形樓閣諸色；其中前三禪各三天，第四禪有九天。又，無色界有四層天，入四空定，已無形相，只存神識。

天上各種享受，皆殊勝於人間；如食日天廚妙味，共一器食，隨福差別；衣日天衣無縫，不似人間，千縫百補。至於壽命，亦長人間甚多：如第一層四王天，壽五百歲，卻以人間五十

生命之輪 布本設色唐卡　清代　西藏

（上頁圖說）來自德格教的典型唐卡，有著活力的藍色背景，畫面上有一個夜摩神——死亡之神，輕輕地握著象徵性的輪迴之輪。圈中核心代表三毒：貪、嗔、痴；六道扇相對於六道生存狀況；最外圈的十二個環節，則透過啟發性的場景，象徵存在的各個狀態。這一部份，開示了三毒等煩惱、生死、中陰過程、六道輪迴之情況及十二因緣等教法。

　　圓環的核心是代表貪、嗔、痴三毒的雞、
蛇、豬。第二環的一半為黑,另一半為白,揭
示了生死及中陰的教法。位於黑色半環中的人
形代表即將投入畜生、餓鬼及地獄道的眾生;
而處於白色半環的人形,則代表因造善業而即
將投入天道、阿修羅道及人道的眾生。最外一
環則分別繪出了六道眾生的生活狀態。

年為一日計算。向上一層，按此間倍數增加；如第二層忉利天，壽一千歲，卻以人間百年為一日計；乃至第六層他化自在天，壽萬六千歲，而以人間千六百年為一日計。如是遞增，至非想非非想天，則壽八萬大劫。此因前生造上品十善因緣，方得如此殊勝果報。

從「苦厄」言：欲界天有五衰，壽將盡時，自然頭上花萎、腋下汗出、衣裳垢染、身體臭穢、不樂本座，是名「五衰」。五衰現時，知必當死，愁憂恐怖，苦等地獄。又，色界天有三災，初為火災，劫火興時，初禪以下，盡化灰燼；二為水災，劫水起時，二禪以下，皆遭淹沒；三為風災，大風所吹，三禪以下，乃至微塵，皆無餘在。嗚呼！所住器界尚不能存，何況寄居眾生，安能永在？甚至四禪天人，雖具深禪定，一旦命終，即不樂入禪，風觸吹身，唯除眼識，餘皆有苦。又，無色界四天，雖無下面二界粗苦，仍有如瘡（空無邊處天）、如癰（識無邊處天）、如病（無所有處天）、如箭入體（非非想處天）等微細苦；且壽命盡時，定力遂失，知當死墮，譬如高山忽墜深澗，生大恐怖。

藏傳佛教對天體的運行已有充分的認識。

天體日月星辰運行圖　唐卡　清代　西藏布達拉宮藏

　　這是根據《白琉璃》的記載所繪製的天體日月星辰運行圖，上面畫了很多星球，每一個星球都有自己的軌道，整個畫面很像一幅抽象派繪畫。這是藏傳佛教的宇宙觀，與西方的天體十二宮類似，有金牛、白羊、雙魚、寶瓶、處女、獅子與巨蟹等。藏曆的天文曆法是至今仍在使用的曆法中較為準確的，佛教徒與喇嘛都依靠它來觀察四季變化與鳥獸生長的情況。

2 人道

人，梵語「摩冕賒」，譯爲「意」，以此道眾生作一切事，皆先意起。法苑云：人者，忍也，於世違順，人能安忍。

從「類受」言：人道分佈於四大星球之上，身形壽享，皆不相同。如東弗婆提，壽二百五十歲；南閻浮提，壽一百歲；西瞿耶尼，壽五百歲；北鬱單越，壽一千歲。即以南閻浮提（亦即吾人所居地球）而言，五大洲上所居人種，髮膚顏色、風俗習慣，乃至土地資源，亦多懸殊。然《尚書》云：「惟人爲萬物之靈」；《禮》亦云：「人者，天地之心，五行之端。」蓋以人易近道，最能止息妄心，堪能修行而言。此因前生行中品十善，感此道身。

從「苦厄」言：有三苦、八苦等。

藏傳佛教對宇宙的認識是以
須彌山和四大洲為中心的。

四大洲及風水火土圖 唐卡 清代 西藏布達拉宮藏

（右頁圖說）在以紅、黃、藍三色為中心的曼荼羅圖周圍，是圓形的宇宙、大地和海洋。一些信奉佛教的天體物理學家認為，從現代科學的角度來說，其實須彌山即是北極，四大洲即這個地球上的大陸，閻浮提限於亞洲一帶。從真空宇宙觀來說，須彌山即太陽系，水、金、地、火四行星即四大洲，木、土、天王、海王四行星即四大王眾天，太陽即忉利天，如此一來，閻浮提就擴大為地球的別名了。如果這是真的，那人們將永遠為釋迦牟尼驚人的智慧而感到震撼。這幅布畫唐卡上部代表天堂，下部代表地獄，中央是須彌山。

中陰聞教救度唐卡——寂靜尊　布本設色唐卡　清代　西藏

137

中陰聞教救度唐卡——寂靜尊

（第一組：1a、1b、1c、1d、1e）

1.東方金剛薩埵阿閦如來族部

　　1a 金剛薩埵阿閦如來與佛父佛母

　　1b 地藏菩薩　　1c 彌勒菩薩

　　1d 持鏡菩薩　　1e 持花菩薩

2.六道佛

　　2a 天道佛　　2b 阿修羅道佛

　　2c 人道佛　　2d 畜生道佛

　　2e 餓鬼道佛　　2f 地獄道佛

中陰聞教救度唐卡——寂靜尊　布本設色唐卡　清代　西藏

天道佛（第二組：2a）

3 阿修羅道

　　阿修羅，此譯「無端正」，又譯「無酒」，或云「非天」。以此道眾生男醜女端，故名無端正。又因遍採名花，醞於大海，欲成香醪；但以魚龍業力，其味不變，故云無酒。因多瞋多忌，雖有天福，而無天德，故名非天。

　　從「類受」言：此道眾生，分別攝屬天、人、畜、鬼四道，故《楞嚴經》云：三界中有四種修羅，若於鬼道，以護法力，乘通入空，此從卵生，鬼趣所攝。若於天中，降德貶墜，其所卜居，鄰於日月，此從胎生，人趣所攝。有阿修羅王，執持世界，力洞無畏，能與梵王及天帝釋、四天爭權，此阿修羅，因變化

阿修羅道佛（第二組：2b）

有，天趣所攝。別有一分下劣修羅，生大海心，沉水穴口，旦遊
虛空，暮歸水宿，此阿修羅，因溼氣有，畜生攝屬。既是分屬四
道，身形壽享等，亦隨其類，多有不同。總由因中，雖行五常
（君臣、父子、夫婦、兄弟、朋友），卻懷忌慢之心，所謂行下品
十善，而感此道身。

　　從「苦厄」言：各隨其類，受苦不同。即以天趣修羅而言，
除一般苦外，又因常好與帝釋鬥，或斷肢節，或破其身，或復致
死；若傷心斷節，續還如故；若斷其首，即便殞沒。其他三趣修
羅，其苦更多。

人道佛（第二組：2c）

4 畜生道

　　畜生，梵語「底栗車」，亦云「傍生」，以其形傍（身多橫住），行為亦傍（心多不正）而得名。

　　從「類受」言：此道眾生，包含甚廣，舉凡飛禽走獸、羽毛鱗介，或四足、多足，有足、無足，水陸、空行，皆攝屬之。就其出生，分為四大類：

　　（1）胎生，例如牛馬等，在母胎中，含藏而出。

　　（2）卵生，例如鵝鳥孔雀，依殼孵生。

畜生道佛 （第二組：2d）

（3）溼生，例如蛤蟲飛蛾，藉溼穢暖氣而生。

（4）化生，如龍等，無而忽有，唯依業力，變化而生。

若論壽命，有朝生而暮死，有春夏生而秋冬死，乃至經千百歲而後死者，千差萬別；而其身形享受，亦多懸殊不等。

從「苦厄」言：或苦役、或充食、或人殺、或互啖，其苦無窮。如達爾文所說的：「弱肉強食，物競天擇」，可謂說中畜生道實況。總因前生愚痴貪欲，作下品五逆十惡，感此道身。

餓鬼道佛（第二組：2e）

5 餓鬼道

餓鬼，梵語音譯爲闍黎多、薜荔多、閉戾多、俾禮多、卑利多、彌荔多，即鬼道、鬼趣、餓鬼道。又，「鬼」者畏也，「餓」云饑餓，此道眾生，多受饑餓怖畏，故名餓鬼。

從「類受」言：分三類九種，（1）無財鬼，以無福德，不得食故；（2）少財鬼，少得飲食故；（3）多財鬼，多得飲食故。無財鬼又分三種：a、焰口鬼，火焰炎熾，常從口出；故縱得飲食，亦化灰燼。昔目連尊者母，即墮此身。b、針咽鬼，腹大如山，咽如針孔。c、臭口鬼，口中腐臭，自受惡報。少財鬼亦分三種：a、針毛鬼，毛利如針，行便自刺。b、臭毛鬼，毛利而臭，自拔受苦。c、大癭鬼，咽垂大癭，自抉啖膿。須知，謂

腫脹的肚腹和細長的喉嚨顯示，餓鬼道眾
生無論吃下多少東西，都永遠不會滿足。

少財鬼少得飲食，非眞如人間淨妙食，苟得廁坑糞穢，已似山珍
海味了。多財鬼分三種：a、得棄鬼，常得祭祀所棄食故；b、得
失鬼，常得巷陌所遺食故；c、勢力鬼，具威德勢力，常得人間
祭祀。譬如人間所供城隍、土地、王爺，乃至一般神祇，均屬此
類。

　　諸類餓鬼，居遍諸趣，隨所生處，而受其形，或居海渚，或
在山林；或似人形，或似獸形，亦自差別。其壽有五百歲，卻以
人間一月爲一日計。

　　從「苦厄」言：以業力因緣，不聞漿水之名，所見清水，皆
成膿血，不得飲食，饑渴難當；且常爲刀杖驅逼，故恐怖非常。
此皆前世諂誑心意，造作中品十惡，感此道身。

地獄道佛 （第二組：2f）

6 地獄道

在佛教的觀念中，地獄是造惡眾生承受苦難的器具，受苦受難的極限都在這裡了。

從「類受」言：共有三類，（1）根本地獄，即八寒八熱地獄；（2）近邊地獄，即十六遊增地獄；（3）孤獨地獄，即山間、水中、曠野三處地獄。其形體壽命，受苦輕重，隨各差別。其中以阿鼻地獄受罪最劇。總由造作上品五逆十惡，感此道身。

阿鼻地獄，也叫做「無間地獄」、「無間道」，為佛教八大根本地獄之一，具五種「無間」故。無間——就是不間斷地受苦。（1）趣果無間，終此身已，直墮於彼，不經中陰故；（2）受無

間，受苦無間斷，中無樂故；（3）時無間，決定一劫（指中劫），相續不斷故；（4）命無間，一劫之中，壽命不絕；縱經剝割烹煮，肢體糜爛，然以行業因緣，冷風吹活，無間斷故；（5）形無間，地獄縱廣八萬由旬，眾生身形亦八萬由旬，中無少間，一人多人，皆遍滿故。

若論到壽命的長短，以八熱地獄而言，第一是「等活地獄」，壽同四王天五百歲，而以四王天五百歲為一日計，其一晝夜相當人間九百多萬歲；第二「黑繩地獄」，壽同忉利天一千歲，而以忉利天一千歲為一日計，其一晝夜相當人間三千六百多萬歲。如是隨六欲天遞增，乃至「阿鼻地獄」，壽一中劫。其苦壽如此，怎麼能不害怕恐懼呢？

從「苦厄」言：或火坑、或堅冰、或刀山、或劍樹、或碾磑、或湯鑊、或沸屎、或合山等諸多苦具，繁多難述。以沸屎言：在一大熱沸屎河中，驅令入中，內有利嘴蛆蟲，或從鼻孔入，則腳底出；或從足下入，則口中出，既髒且臭，熱惱加刺，苦何以堪？

「六道」中的天、人、修羅三道，因為其中多為善事，果報比較好，所以也稱「三善道」；鬼、畜、地獄三道，因為其中多為惡事，果報比較壞，所以也叫「三惡道」。三惡道，佛教裡又稱「三塗」。「塗」含兩個意思：一是塗炭，取「殘害」義，此中眾生，多受殘害；二是塗道，取「所趣」義，為造惡眾生。塗的分野如下：

1、「刀塗」──即餓鬼道，常為刀杖，所驅逼故。

2、「血塗」──即畜生道，必經流血而死故。

3、「火塗」──即地獄道，上下四方，一片火海故。

三、關於「互相輪迴」的概念

前面所說的六大種類有情眾生，之所以稱爲「六道」，是借用了中國哲學的觀點。道，就是道路、渠道、方法、趨向等；「六道」中的眾生都必須通過這個途徑而輪迴轉世，在四生（胎生、卵生、溼生、化生）中不斷反覆流轉，經過生生死死無數次，迴圈三界，互相通達──這也是唯一的生命與時間之「道」，所以民間將這過程統稱爲「六道輪迴」。

輪迴的情形，各隨業力，或人變鬼、變豬、升天；狗也會變人、變鬼、下地獄等。中國古人說：「鑽馬腹，入驢胎，塗炭曾經幾度回，或時天帝殿前過，或向閻君鍋裡來。」哪有定算？

「六道輪迴」的道理，在佛典中，以「十二因緣」說得最爲明白；在中國儒家經典中，如《周易》裡也曾提到過：「精氣爲物，遊魂爲變」，或者「方以類聚，物以群分」的道理。但這些都還只是哲學，也只涉及死亡眞理的一小部分。

赫怒迦──佛陀的忿怒化身

（上頁圖說）這是一幅大輪手持金剛菩薩壇城。圖中雙身像計有二十四尊，分五組排列。

天界有金剛薩埵、金剛總持、大日如來、綠度母、白度母佛母、菩薩以及宗喀巴、雍頓上師等藏密祖師。下界有吉祥天女、四臂勇保護法、天衣佛母、吉善金剛、羅㬱羅尊者等保護神。周匝繪有密集金剛薩埵、密集嗔恚金剛等多位佛、菩薩。畫面人物眾多，充實飽滿，構圖繁而不亂，表現出很高的藝術水準。

赫怒迦——佛陀的忿怒化身（中央局部）

　　當然，誰也沒有真正死過，沒有具體證據說明六道的存在。密宗通過秘密修行的方法可以窺見「中陰」階段，但這也只屬於修行者個人的行為和智慧。他無法把看到的複製出來給現世的人們參考。

　　據說那些通了天眼、懂得宿命的高僧，會非常清楚眾生從何道來、往何道去，他們自己了然悉見；而沒有這「二通」的人，如果博覽群書，遊歷天下，也會從人生感悟中獲得一些實證。

畜生道也是三惡道之一，落入此道便只能渾渾噩噩度過一生。

天道

　　見到珠寶為材的多層神殿，不妨暫且往生。

阿修羅道

　　會看到美麗的樹林或相背旋轉的火圈，這是個可惡的地方，應該拒絕前往的地方。

人道

　　經中並未特別說明。

畜生道

　　會看到充滿霧氣的山岩洞穴和稻草蓋的茅屋，不要前往此道。

餓鬼道

　　會看到倒樹殘幹、黑形直豎、淺洞黑罩，這是可惡的地方，要遠離它，不要前往。

地獄道

　　聽到痛苦的歌聲，走入徬徨無助的地方或黑色大地，白屋紅屋交錯，佈滿黑洞與黑路。

人死後進入中陰狀態所看見的奇異景象　白描

參 篇

從中陰思想到
「投胎」文化

救度中陰的普巴金剛　布本設色唐卡　清代　西藏

157

一、「四有」輪轉

佛教教義的內涵是異常細膩的，幾乎把所有世界與神界的細節都說完了。在關於「輪迴轉世」的觀念中，佛經還不斷地歸納其中的性質。其中把眾生在中陰第一期裡的「生命狀態」，分為「生有」、「本有」、「中有」、「死有」四大階段，這裡的「有」是指「生存」、「存在形式」的意思：

1. 生有，指投胎受生的最初一剎那的身心。

2. 本有，指從出生至瀕死的全過程，如《俱舍論》的記載：「本有謂死前，居生剎那後。」

3. 中有，亦譯為「中陰」，指從死後到再生的中間過渡階段。

4. 死有，指命終時剎那間的身心狀態。

「四有」的獨特內容，是與人的出生、瀕死、死後有關的生、中、死三有的情狀。死亡是誰也無法真正透徹的，姑且不論是否是真理，無論以後的科學發展到什麼地步，佛教的出現、中陰教義的詳細歸納，都可以說是關於人類死亡之後狀況的最完整思想。

救度中陰的普巴金剛 布本設色唐卡　清代　西藏

（上頁圖說）普巴金剛是中陰救度各如來的一系列化身，他主身是紅色的，三頭六臂四足，分別握著法輪、斧頭、寶劍、金剛鈴、鋤犁和嘎巴拉碗，還有一個猙獰的明妃與他擁抱著。這幅唐卡四周共有六個普巴金剛、三位大成就者，還有許多的護法神飛翔在空中，血紅的火焰與碧綠的青山相結合，體現出中陰時期的神秘優美，也同時表達了人對死亡的畏懼，對拯救的渴望。

　　本尊具有三頭、三目、六手，背後生雙翼，如劍銳利，頸掛三串人首髮，面塗三色，表三毒清淨，頭戴五骷冠，表示以五方佛的智能作頭上裝飾，身披虎皮，表降伏嗔恨之意。右二足踏男魔之背，左二足踏女魔之胸，表降服四魔，安住於般若智熖之中。

　　中有，是梵文Antarabhavade的意譯，舊譯爲「中陰」。這個狀態到底有沒有，在佛教內部各宗派裡也各說不一，譬如俱舍宗認爲有，而成實宗認爲無。其實「中陰」是在兩身——也就是從生命到生命之間，從有到無再到有之間的「陰形」存在。

　　莎士比亞在《哈姆雷特》裡稱死亡爲：「那是沒有任何旅客曾回來過的神秘之國。」因爲基督教只有「永生」或「永死」。

　　但是我們眞的沒有「回來」嗎？輪迴算不算回歸？

　　「中陰」思想爲此做了宗教性的解答——這就是超脫。如在藏傳佛教的密法中，有「中陰成佛」、「中陰救度」等超脫生死的一種重要秘訣，並總結爲四聲、三境、六相。

大黑天　唐卡　清代　西藏

　　（右頁圖說）這幅幾乎全圖漆黑、只有白描般金邊勾勒的唐卡，讓人想起西方畫家倫伯朗的光影手法。畫中的大黑天，梵文音譯為「摩訶迦羅」，藏語稱「瑪哈噶拉」，又譯為「救怙主」。他原是古印度的戰神，進入佛教後，頗受密教崇奉。藏傳佛教密宗說他是觀世音菩薩化現的大護法。在藏密中，他既是護法神，又是密宗修法所依持的重要本尊。據說他的佛法《大黑天神秘密成就次第》十分秘密，不是入室弟子不得傳予。他的形象看似凶狠的惡魔，但卻是八大「出世間護法神」之一。

　　關於大黑天的藝術形象很多，一般有二臂像、四臂像、六臂像等，三種形象各有特色。二臂大黑天身體呈青黑色，三目圓睜，鬃毛豎立，頭戴五骷髏冠。二臂在胸前，左手托骷髏碗，碗內盛滿人血。右手拿月形刀，兩臂中間橫置一根短棒。雙腿站立，足下踏一臥男人，背後是熊熊火熖。這裡畫的是四臂大黑天，青黑色，頭飾五骷髏，三目，脖子掛有一串人頭念珠，腰間圍有虎皮，四臂分持骷髏碗、日形刀、三叉戟和寶劍；呈坐勢，兩腿向內微曲，為安樂座，腳下踩著兩個異教徒。

　　另外還有六臂大黑天，也為青色，身上飾物複雜多樣，前左右手橫執劍，中間左手執人頭，右手執羊，後左右手張開象皮，以骷髏為瓔珞；呈站立姿勢，右腿屈，左腿伸，兩足踩在象頭天神的胸膛上。

161

「四聲」，謂中有境聞四種恐怖之聲：山谷崩裂、江河澎湃、林木焚燒、劫盡罡風，分別爲地、水、火、風四大之力在聽覺上的反應。「三境」，指所見三種可怖之境；由內心貪嗔痴三毒之力，見白、紅、黑三種崎嶇險阻之境；由迷亂習氣色影之力，見羅刹、夜叉、食肉等惡鬼。「六相」，謂中有身所具六種特徵：無影無礙，刹那間能巡繞多處，隨自所作他人不見，能知人之所作所思，不見日月星辰，見俱生鬼神（與人同生的善惡童子）算其善惡，雖見飲食未必能受用。

藏密寧瑪派——也就是俗稱的「紅教」——有一部超度死人的念誦儀軌《中陰救度密法》，此書中有四十九日境界差別，頗爲詳悉，該書分中有爲數種；一「處胎中有」，指中有投生處於母胎中的階段；二「夢境中有」，謂夢中或神識脫體（出神），或修密法「夢觀法」而成就能自由離身的神識；三「禪定中有」，指修禪定者定中所體驗如死亡或死後之境界，亦稱「靜慮中

矜羯羅父母童子

布本設色唐卡　清代　西藏

　　中心舞蹈的一對骨骼非常引人注目，他們就是矜羯羅父母童子，勝樂金剛瑜伽母的護法。白色骷髏形象的矜羯羅父母童子，很類似看管墳場的「尸陀林主」，他們都是主管「中有」的護法神。與此連在一起的是西藏的神山岡仁波齊——傳說中勝樂金剛壇城之所在。

　　這種直率、自然、幽默、活潑的筆法，體現在獨立的人物和作品的整體風格上。從顏色和筆法上看，這幅唐卡可能來自德格地區。

163

有」；四「命盡中有」，臨終時，出息已斷，入息未斷之際，身中靈熱（生命熱量）沉入位於心輪的「智慧中脈」，一切分別心念中斷，呈露出本來心地之光明，此光明「一如青天萬里無雲」，亡者自覺心識如真空，通體透明，無瑕無蔽，無中無邊，此即實相、真如的暫現，名「實相中有」。

具體到最後，我們還能明白——實相光明停留的時間長短，視亡者身中諸脈的強弱及生前業力、是否聞法修行而定，或者極為短暫，不知體認，或者為時較長——所謂「恰如春天無邊景色，海市蜃樓，閃動其中」，並聞光中發出有如萬千雷鼓齊鳴的巨響，此乃實相本有之音。當靈熱與神識離身之際，亡者入昏沉狀態，所見光明由變暗到消失……

中陰思想認為，人死之後，分為靈熱、氣與神識等，它們完全離開身體的時間，大約是三日半。

人死後會看到種種奇異的景象，其中既有佛與菩薩，也有噴火獠牙的怪獸。

護法神欽列嘉波　布本設色唐卡　清代　西藏

（右頁圖說）在畫面中心的是三面六臂的凶神欽列嘉波，他正騎著兇猛的雪獅，而雪獅踩著惡魔的屍首。凶神是中亞的神，在西元八世紀被蓮花生大士擄獲、馴服後，安置在桑耶寺作為西藏佛教的護法。

這是一幅有著鮮明圖案的絕佳黑色唐卡，也是關於凶神的最好作品之一。這幅唐卡有著卡瑪噶舉風格的顏色、火熖和衣飾元素，但是上半部的藝術風格暗示著它源於東藏。

知覺恢復之後，先有臨死八相中的後四相逆行而現——即空、得、增、顯，次生形似生前的中有身，同時外現中有幻境，依次見無上瑜伽所說的「寂靜」、「忿怒相」等，如唐卡繪畫諸本尊中的佛、菩薩、金剛、空行母等。

據說，在死後的第一個七日內，寂靜（安樂）部的佛菩薩及六道之光會依次顯現。

第一日：大日如來（毘盧遮那佛）現白色雙身像，出自中央，胸射藍色法界體性智光，照中有身，同時見天道的灰暗白光。

第二日：東方不動佛報身金剛薩埵（身藍色）及其侍從地藏、彌勒等菩薩，嬉舞、持花二女神，從東方顯現，金剛薩埵胸射白色大圓鏡智光照中有身，同時地獄道放陰沉的煙霧色光來勾攝。

第三日：南方寶生佛（身黃色）及虛空藏、普賢二大菩薩，念珠、持香二女神從南方顯現，寶生佛射黃色平等性智光，同時有人道暗黃色光並行發射，照中有身。

第四日：西方阿彌陀佛（身紅色）及觀音、文殊二菩薩，伽陀、持燈二女神等，從西方顯現，阿彌陀佛胸放紅色妙觀察智光，同時有餓鬼道暗紅色光並行發射，照中有身。

吉祥天女的秘密宅邸　布本設色唐卡　清代　西藏

（右頁圖說）這幅描繪吉祥天女在她宅邸裡的唐卡是非常罕見的，她那令人毛骨悚然、用頭顱和骨頭蓋成的恐怖宅邸，位在一個用屍首堆成的島上，島嶼位在滿是沸騰血液的海裡。吉祥天女不僅是大昭寺，也是拉薩城的保護女神，是印度神話裡的人物，她也是女性佛——度母——的一種兇猛形式。

167

　　第五日：北方不空成就佛（身綠色）及金剛手、除蓋障二菩薩，散香、供養二女神等，從北方顯現，不空佛胸射綠色成所作智光，同時有阿修羅道暗綠色嫉光並行發射，照中有身。

　　第六日：五方五佛雙身及勝利明王、馬頭明王、大威德明王、甘露明王四金剛，與六道之佛等四十二位本尊一齊顯現，各放智光，同時亦有六道之光發射。

勾魂的鎖鍊 唐卡白描　清代

大威德金剛和達摩道場

布本設色唐卡　清代　西藏

　　這幅少見的唐卡描繪了大威德畏怖金剛——可說是形式最兇猛的佛——的所有法器和他原型的環境。排列在兩邊的是八個兇猛的護法和他應得的祭品，但沒有這些神自己實際的化身。

大威德金剛的法衣和法器。

第七日：持明部諸本尊無上、地居、司壽、司舞、紅色、綠色等持明仙及諸空行母、護法天神地祇等顯現，同時有表畜生道的淡藍色光隨諸本尊智光放射，並聞雷鳴石崩、喊殺等聲。

而當寂靜中諸本尊的智光與「六道輪迴」之光同時照射時，若平素無佛法上的修持，不知辨識，即可能隨六道之光，生於六道之中——也就是沒有超越輪迴。

再譬如在第二個七日內，忿怒本尊五十八位會依次顯現：有忿怒部主（第八日）、金剛部主（第九日）、蓮花部主（第十日）、業部主（第十一日、第十二日）、八位寒林女神、八位獸首女神出自腦部（第十三日）、四門守護忿怒女神（第十四日）等等。這些忿怒本尊，據稱為五方佛、諸大菩薩等的化身，但形象卻猙獰可怖，如大日如來之忿怒化身形象為：

裸體化身，深褐為色，三首六臂，四足穩立，右臉白色，左臉紅色，中臉深褐。周身發光，猶如火焰，九目圓睜，怒視可怖。眉毛閃動，如電發光，巨牙外露，上下樺合，口發巨吼：

大成就者和他的同伴
布本設色唐卡　清代　西藏

（右頁圖說）畫面中心的學者被周圍五個小學者環繞，他的右手握著一個金剛杵和降魔法寶——達莫加鼓，一個鈴鐺握在左手。一個女門徒坐在他的旁邊，巴里棕櫚供奉在桌子上。他很可能就是偉大的那洛巴大學者（一○一六至一一○○），也就是印度噶舉傳承的創始者帝洛巴的繼承者。那洛巴是印度最重要的大成就者之一，因識苦諦而終獲解脫，成為尊者。

「阿拉拉」聲、「哈哈」之聲，音調尖銳。髮紅黃色，豎立放光。冠飾骷髏，象徵日月。腰繫黑蛇，懸有人首，以爲身飾。右首三手，上手持輪，中手持刀，下手持斧。左首三手，上手執鈴，中持腦蓋，下持犁頭。身被佛母（大忿怒母）雙臂抱持，佛母右手，緊持佛頸，左手奉佛，紅色蚌殼，滿貯鮮血，舌顎相接，磋磨作聲，繼而隆隆，有如雷鳴。

佛教是多神教，而且有著各種所謂「金剛手段」和「忿怒相」的體現，一個平素不修持密宗方法，不認識這些本尊的人，不會懂得這些其實都是他「自心」的現相，必然會感到極度恐怖，往往被嚇得昏死過去。如果他甦醒過來，也往往會驚惶逃避，最後墮下懸崖，落入惡道輪迴之中。或者看見冥府主宰閻王獄卒等，手持善惡簿籍，口出「殺殺」之聲，蜂擁而至，中有在驚怖之間，即隨之墮入地獄道輪迴之中。

分割屍體餵鳥是西藏「天葬」的來源。

大成就者和他的同伴（局部）　布本設色唐卡　清代　西藏

　　在左下角，戴著磨刀皮帶、穿著豹皮的是龍樹菩薩的弟子釋迦善友。右下角，那個女性形象端著一個裝滿長生不老藥的頭顱碗，挨著她的人物正在分割屍體餵鳥。

「二七」以後，命盡中有轉為投生中有，此時中有已確知自己已死，尋見生前親友，想與其通話，而見親友不睹不聞，於是悽楚悲痛，所謂「如魚離水，擲諸烈燼」，欲歸無家，孤苦無依，時有強暴的業力狂風從背後吹來，推其奔波不已，想望得一歸宿之處。或見無邊黑暗，或如入濃霧中，黑暗中出喊殺聲，令他肝膽懼裂。或見食人羅刹惡鬼各持兵刃，口出殺聲，紛擁而至，或見猛獸撲來，或見狂風暴雨、大雪深霧，聞巨響如山崩海嘯，如火噴轟，如風怒吼，於驚慌逃命之際，卻又看見面前有了白、黑、紅三色千仞絕壁擋道。這個時候，六道之光更加強烈了，前來勾攝他，而他的「中陰」早就被自己的業力所決定——他最後應進入六道中的哪一道，本質上是身不由己的。他必然會隨著那一道的光而輪迴下去，再次翻滾為有情的芸芸眾生。

無論顯宗還是密宗，大多數佛經裡，都一再強調了「中陰」的存在，但同時也強調了這個「中陰」如同夢境，你的一切所見所聞，其實都是自己心識的變化和體現。只是那些生前沒有得到過佛法，沒有具體修行、沒有覺悟的人，就會把中陰視為真實的存在。

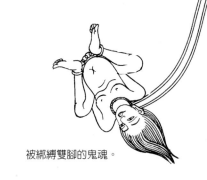

被綁縛雙腳的鬼魂。

二、 中陰輪迴與「投胎」細節

從死亡到重生，這個過程神秘、漫長而又恐怖。

一個生命和細胞的誕生其本質是複雜的，而體現是簡單的。

「中陰」思想的出現，在中國文化中形成了關於「投胎」的民間觀念，也就是大家所謂的上輩子、下輩子是否過得好的問題，以及人們經常掛在口邊的前世緣分、前世作孽、來世遭報應等等想法。而談到「中陰」投胎，尤其是投胎於人道中的情狀，也就是基督教所說的「人從何處來」，或者「我們從哪裡來，我們是誰，我們往哪裡去？」的問題，甚至到父母未生前生命如何形成的問題。這些問題，在佛經中有很多的回答與解釋，如《增一阿含經》、《大寶積經·入胎藏會》、《修行道地經》、《毘奈耶雜事》、《俱舍論》、《大毘婆沙論》、《瑜伽師地論》等多種大小乘佛典中，都有明晰。

佛教認為，一個人的出生，是各種條件合集的結果。就像積體電路或電腦一樣，缺一個零件也不能啟動。細胞與元素狀態裡缺少所需諸條件中的任何一項，恐怕也不能成胎。而所有條件中，最為重要、為各家學說所忽視者，即是「中陰」。

佛經中所說的成胎條件，大略有以下三項。

給新生兒洗澡

分娩的準備過程

1 父母及子女的業因

父母及子女須有宿世所造能感得父子、母子關係之果的業因。如《瑜伽師地論》卷一說，若父母未曾有感得子女之業，或子女未作感得父母的業，或者父母所作為感得其他子女的業，子女所作為感得其他父母的業，或者雖有感得眷屬之業而雙方還各被其他業緣所牽，都不能形成血緣眷屬關係。

形成父母子女關係的業，大概以財物及感情上的債務酬償居多，如《十二因緣經》說，子女以三種因緣生：一者父母前世欠子女的錢，二者子女前世欠父母的錢，三者冤家。過去杭州城隍廟有副對聯：「夫婦是前緣，善緣惡緣，無緣不合；子女原宿債，討債還債，有債方來。」當然，也並非天下父母子女皆屬債主冤家，佛典中說也有因前世的深厚感情和善緣而結成的。另外，即使宿世有債務冤家關係，能否結為親眷，互相間的福德是否相配，也很重要。《大寶積經》卷五五說：「若父母尊貴有大福德，中陰卑；或中陰尊貴有大福德，父母卑；或俱福德，無相感業，若如是者，亦不受胎。」

人體胚胎發育圖 布畫唐卡 清代 西藏

（右頁圖說）唐卡關於藏醫的繪畫中，人類誕生的理論是與中醫科學很接近的，並無「輪迴」的說法。因為西藏醫學早在佛教傳入之前就已形成體系。但是，佛教傳入之後，繪製人類分娩過程就按照胚胎發育的魚期、龜期、豬期三個發展階段，表明了胚胎發育與動物進化的重複過程，還繪出了各種病態的胚胎，以及分娩的準備過程。

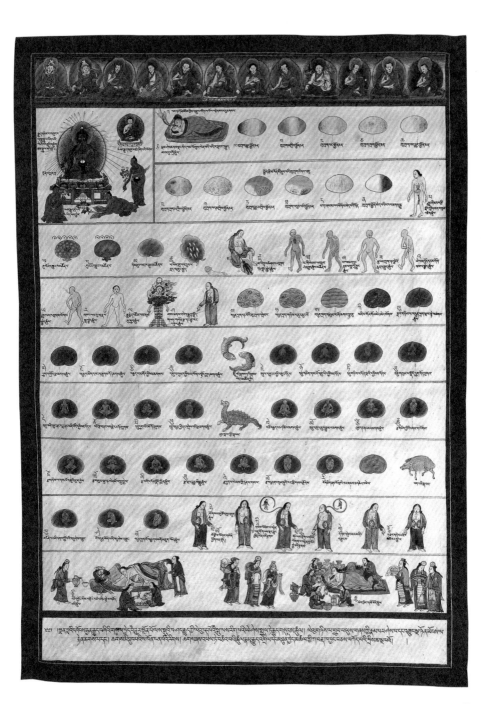

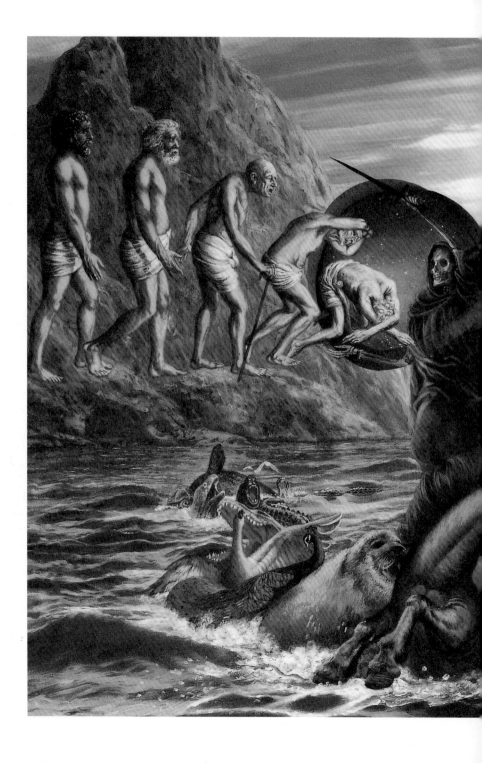

古印度瑜伽思想中的生命與輪迴

瑜伽繪畫　印度

　　（上頁圖說）這幅繪畫生動地再現了瑜伽思想中，人類從生到死、萬物相互投入和轉換的輪迴過程。「瑜伽」是發祥於古印度的一種神秘宗教，比佛教和基督教還久遠，是一種宗教性少的宗教。關於人死後將輪迴的思想，就是起源於「瑜伽」。這門神秘的學說本起源於印度，後來流行於全世界。「瑜伽」一詞最原初的意思是駕馭牛馬，但從遙遠的古代開始，就用來代表設想幫助達到最高目的的某些實踐或是修練。在印度古聖賢帕坦珈利所著的《瑜伽經》中，它的精確定義為「對心作用的控制」。瑜伽在印度有著淵遠的歷史，與古印度婆羅門體系有著密切的關係。在印度，人們相信通過瑜伽可以擺脫輪迴的痛苦，內在的自我將與宇宙的無上我合一；如果通過瑜伽，將產生輪迴的種子燒毀，心的主體被證悟，一切障礙就都將不存在。現在在印度很難區分瑜伽與印度教的關係，在寺廟中、在經典中、在生活中，以及在許許多多的範圍中，兩者的關係都相互融合。

　　瑜伽也是東方最古老的強身術之一，它產生於西元前，是人類智慧的結晶。瑜伽也是印度先賢在最深沉的觀想和靜定狀態下，從直覺了悟生命的認知。瑜伽自有一套從肉體到精神極其完備的修持方法。當今的瑜伽不僅只屬於哲學和宗教的範疇，還有著更廣泛的含義，千年不衰，有強大的生命力。

　　當瑜伽的修持者在深沉的靜坐中進入最深層次時，就會覺醒人生自性與生命的至善境界，從而獲得個體意識與宇宙意識的結合，喚醒內在沉睡的能量，得到最高開悟和最大愉悅。

　　「瑜伽」是梵文音譯，還有結合、聯繫等意，這也是瑜伽的宗旨和目的，是為達到冥想而集中意識之意。可究竟是什麼與什麼的「結合」呢？其實瑜伽是為指明人類本能從較低到較高的「結合」，用同樣方式也可從較高到較低「結合」，或與自我結合。這也意味著與最高的宇宙萬物之靈相同化，使自己從痛苦和災難中獲得解脫。這點是和佛教的觀點一致的，因為原始佛教正是吸取了很多瑜伽的方法才得以誕生的。

在古印度瑜伽思想中，處於生命輪迴裡的老人與小孩。

投入死亡的衰老身
體，正在接受死神的指
揮。不過，這幅繪畫中
的死神非常接近中世紀
基督教僧侶的形象。

投胎與誕生的孩子
是偶然性的，他也可能
投胎成為另一種動物。

181

2 父母交合之時，生理上無缺陷

中有所投生的父母，必須由愛染心交合，交合適時，如《毘奈耶雜事》中說的：必須在「其母腹淨，月期時至」。在婦人腹中無胎、月經正常、受孕期內，交合才可懷胎。《善見毘婆沙津》卷六解釋女人懷胎的生理說：「女人法，欲懷胎時，於兒胎（子宮）處生一血聚，七日而破，從此血出，若血出不斷者，男精不住，即共流出。若盡出者，以男精還復其處，然後成胎。」意謂在月經淨後受精，方能成胎。

佛書中還強調，即使男女按時交合，若雙方在生理上有缺陷，如女方產房有風、熱、血氣閉塞、胎閉塞、內增結（腫瘤等）及各種畸形者，皆不能懷孕。而且，交合時須出「不淨」（精液），「種子」（精子）亦須正常，《修行道地經》說：「其精不清亦不濁，中適，不強亦不腐敗，不為風寒眾毒雜錯。」而《增一阿含經》還說，父母雙方交合時，若性欲、情意配合不上，一方殷勤，一方冷淡，亦不懷孕。

古印度瑜伽思想中的生命與輪迴（局部）

此畫主要是講述人類從誕生到成長、衰老、最後死亡以及又再次誕生的輪迴過程。畫面的下部是人與其他動物之間的鏈接輪迴關係，是佛教「六道輪迴」中「畜生道」思想的來源。

3 中有及時投入

　　與父母有宿世業緣，正當父母交合時投入的中有，是成胎不可或缺的條件，諸佛書中皆說，中有投生，必須在見到來世父母交合時，於父母身起貪愛的「顛倒想」，方由產門入胎。《瑜伽師地論》卷一說，當父母「貪愛俱極」（也就是我們說的達到性高潮時），「各出一滴濃厚精血，二滴和合，住母胎中，合為一段，猶如熟乳凝結之時」，中陰身即投入其中。

　　中陰在投入時的「顛倒想」，如《大毘婆沙論》卷七描述，當中有見其父母交合達高潮時，若於母身生貪，即於男生瞋，即：「作如是念：若彼丈夫離此處者，我當與此女人交會，作如是念已，顛倒想生，見彼丈夫遠離此處，自見與女人和合，父母交會精血出時，便謂父精是自所有，見已生喜而便迷悶，以迷悶故，中有粗重，既粗重已，便入母胎。」如此則形成男胎。若於男身生貪，則於母生瞋，自見已身與父交合，而迷悶入胎，生為女子。論中還說雙胞胎是兩個中有同入一胎，而有先後「先入胎者，必後出故」，應以後生者為長。

　　至於已超出生死的「一生補處菩薩」（一生候補佛位），因已離男女，所以在入胎時不從生門入，而從右脅入，無「顛倒

在有關藏醫的唐卡繪畫中，描繪出中陰體在父母交合時的投胎過程。

在藏醫的唐卡繪畫中，生命是在父母交合後進入母體。

想」。轉輪聖王、獨覺聖人，入胎雖無「顛倒想」，但也起淫愛，或無淫愛。《俱舍論》卷九說，轉輪聖王入胎時無顛倒想，正知入胎不知出、住；獨覺聖人入胎正知入、住，不知出胎。

佛經中還說到，中有入胎時，因宿世業力，有逼迫其入胎的幻化境相現前，若無福德者，見寒風陰雨、大眾憒鬧等逼迫，尋找隱身之處，見草庵、草叢、林中、窟穴、牆根、籬間等，入內躲避，遂入母胎；有福德者則見避入高樓、殿閣，或聞悅耳的音樂，或登舒適的床座，而入於母胎。

另外，《俱舍論》還說：中有入胎後，若是男胎，就依母右脅，向背蹲坐；若是女胎，則依母左脅，向腹而住。

中有入胎後到出生的過程，佛經中還分為五位，稱「胎內五位」：

一、羯刺藍位，梵文Kalalani，意譯「和合」或「雜穢」、「凝滑膜」，指父母赤白二物最初和合成一團凝滑的東西。

一 羯刺藍位

二、頞部曇位，梵文Arbudain，意譯「皰」，意思是至二七（十四）日，漸漸長成如皰瘡之塊形。

二 頞部曇位

三、閉尸位，梵文Pest，意譯「血肉」，即指至三七日，漸成一團血肉之物。

三 閉尸位

四、鍵南位，梵文Ghana，意譯「堅肉」、「凝厚」、「肉團」，至四七日，血肉漸堅實。

四 鍵南位

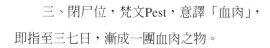

唐卡中描繪的人類
胚胎發育過程

五、缽羅奢佉位，梵文Pra'sakha，意譯「支節」、「形位」、「五支」，至五七日，漸具身首四肢，初具人形，如此漸長，直至出生。

五 缽羅奢佉位

出生之後，又經嬰孩、童子、少年、中年、老年五大階段，也叫做「胎外五位」，直到最終走向死亡，由所造新業而經中有，

六 出生

入六道，如此不斷地死亡、復活、重生、死亡……如迴圈般輪迴不停。

佛經中還告訴我們，凡人入胎時，先起「顛倒想」，然後就入昏昧不覺，有如熟睡的狀態，唯有神識及業的種子潛藏於胎中，促使胎兒長成。成胎後漸有低級感覺，而無意識，及至出生與嬰兒位，一切都沒有記憶。經過這一階段的昏昧和身心的巨大變化，前世所歷，自然也就忘得一乾二淨了。據說就是依佛法修行而永斷三界生死，達羅漢、緣覺及菩薩位的聖人，若投人胎，出生後尚未必能不昧前生，這就是「聲聞猶昏隔陰，菩薩尚昧出胎」的意思。

在偉大的佛教歷史上，只有「天上地下，唯我獨尊」、圓滿覺悟的佛陀釋迦牟尼，才在入、住、出胎都時刻皆不迷昧，像《六度集經》那樣了然回憶出自己所有前生與本生的輪迴，說他曾是一個國王、一棵樹、一隻孔雀、一條龍、一匹馬、一頭老虎或一個美人……並預言出所有未來。

世界宗教中的
地獄與惡魔

一、基督教地獄與佛教三界

在世界宗教關於「地獄」的論述中，基督教地獄的分野與佛教地獄有很多神秘的類似性——尤其是關於罪人分類。所不同的是，基督教地獄中的一切「罪人」在經過「末日審判」之後，都要永遠被關在地獄裡，而佛教地獄中的眾生經過懺悔與信仰之後是可以被拯救的。

這也是地藏菩薩本身的職責。佛教的輪迴觀點與《周易》中「變」和「否極泰來」的思想類似——在無限的宇宙時間中，沒有什麼是可以永恆不變的，包括對地獄中「罪人」的懲罰。

罪人無限被懲罰，這是基督教地獄最恐怖的一個預言。

在《新約‧啟示錄》中提到，等到末日上帝再來的那天，一切死去的人都要復活，接受他的審判。上帝會判決（以某種標準）一部分人進入天國，天國裡的人有「永生」；而另一部分的人則進入地獄，也就是落入「永死」。

基督教的地獄圖 波提切利 一四九五年

（右頁圖說）基督教中也有地獄，而且地獄的結構並不複雜，幾乎呈螺旋狀。在文藝復興時期，義大利畫家波提切利用工整的筆法總結過這一圖景：在下面這幅地獄切面圖中，流水、鮮血和岩石都被完整地表現，還有兩個恐怖的原始森林、城門等。每一圈都大概勾勒了其中的罪過、撒旦的存在與懲罰的方式。整個形狀就像一個巨大的漏斗，在最下面的是因魔鬼撒旦的六翼翅膀而結冰的科奇圖斯湖。據說，走過那裡之後，就是地球的另一面，直通煉獄之山了。

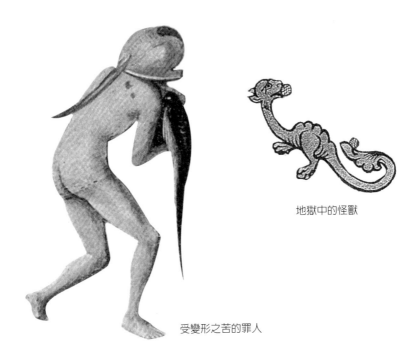

地獄中的怪獸

受變形之苦的罪人

惡鬼企圖攻擊維吉爾和但丁

多雷　銅版畫　一八六八年

　　手舉鋼叉、長著尾巴和蝙蝠翅膀的地獄惡魔，正在圍攻闖入禁區的詩人但丁與維吉爾，遠方是黑暗的大海、陰森的島嶼和蒼白的晚霞──這是《神曲》中最經典的場面之一。但丁恐怕是西方歷史上對地獄環境描寫最詳細的人了，他的幻想甚至超越了聖經本身，超越了上帝的描述。而多雷的刻畫則更讓信奉基督教的人們對地獄的存在深信不疑。

190

　　沒有什麼比「永死」更可怕了。「永死」沒有拯救，沒有安慰，沒有自由，甚至沒有肉體涵義。凡是活在世上的人都是要死的，但這種死是肉身的死去，人的靈魂是不滅的，所以今生的死亡不是真正的死，而是叫「安息」。基督教新教（特別是基要派）的教徒們認為：人從「信主」開始就已有永生，末日審判對他們而言只是個形式，用來決定他們在天國的獎賞大小而已。

　　西方神學家說：「取消了地獄的概念，也就取消了一個基督徒的信仰。」

　　的確如此，在上帝末日審判之後，凡是所謂「不得救的人」——不論「得救」的標準是什麼，不管是基督教新教的「因信稱義」，還是天主教的「信、望、愛」三德，總之都會有不合標準而落入地獄中的人——都會永遠待在一個被稱為「地獄」的地方，基督教把這個地方稱作「永死」。

　　除非「罪人」進的不是地獄，而是「煉獄」。因為「煉獄」中的罪人經過懺悔後，最終也會全部進入天國。

　　這裡就要談到一個問題：基督教的「神學三維空間」與佛教的「三界」。

貪汙受賄者 盧卡・塞格瑞利　壁畫　一五○○年　義大利奧維多大教堂

（右頁圖說）所有的地獄惡魔都是頭上長犄角的，這一特徵在基督教與佛教都差不多。犄角的存在是人與動物的區別。也許人類認為魔鬼是動物獸性的一種表現，是反人性的特徵。因此宗教往往將人性徹底神格化，提升到一個沒有動物本能的「高度」。畫面上是墮入地獄的貪汙受賄者，他們被各種魔鬼凌空折磨，翻滾哀號，無限的悲苦使他們的人體扭曲變形……

保羅與弗蘭西斯卡

多雷　銅版畫　一八六八年

　　大體上，基督教中的
「地獄」比佛教的「地獄」
更加嚴苛和可怕。在天主教
「七罪」裡，淫蕩是很重的
一條，犯下淫蕩之罪的人自
然會下地獄，這一點在佛教
中也是一樣的。多雷是十九
世紀最著名的聖經版畫家，
在這幅關於但丁《神曲》的
畫面上，他詳細記述了犯下
淫蕩之罪的保羅與弗蘭西斯
卡在地獄裡悲慘的愛情，翻
滾在身後的是與他們有著相
似罪孽的、千萬億密集的鬼
魂們。前景中，但丁與他的
導師維吉爾窺視著這如宏大
史詩一樣壯麗的恐怖，因這
種無法超脫的「永死」而幾
乎昏厥。

195

天堂、煉獄和地獄是基督教對世界末日之後的最終空間劃分。佛教則不同，在對現世世界的劃分中，佛教把世俗世界劃分為欲界、色界和無色界。

欲界：類似基督教的地獄狀況。因為「六道輪迴」中的五道——地獄、餓鬼、畜生、人與天道，就處於這個「欲界」。

色界：類似基督教的煉獄狀況。這裡略高於欲界，已離開了食、淫等眾生所依賴的居所，只享受精妙的境界，進入到包括「四禪天」的十七種天的層次。但是儘管如此，卻還是不能離開物質。

無色界：這是在色界之上的，類似基督教的準天堂狀況。這裡的眾生已經脫離了物質，只在精神上存在，所謂「其體非色，立無色名」，已經進入到「四無色天」的崇高境界。

但是佛教並不認為這就是結束。

佛教認為，有情眾生都有「情」與「業」的差別，三界的所在，都還只是輪迴與因果報應的「迷界」。只有從中達到「涅槃」——亦即解脫與超越輪迴——才是最高的理想，也就是成佛。

使死人復活的耶穌

地獄圖 比薩手抄本 一三八五年 德國漢堡藏

（右頁圖說）這是一張手抄本基督教地獄圖，畫面很簡單，位於畫面中央的是魔鬼撒旦，周圍的字母是基督教地獄的各個分層解說，右下角則是出口：從這裡出來的人正在仰望著煉獄山和天堂。無獨有偶，佛教也將世界劃分為欲界、色界、無色界三個層次，在較高的層次中就可得到較多的歡樂。

　　自有生命以來，佛教地獄中就不斷有輪迴的眾生在翻滾著。與此相反，基督教地獄雖然已經「存在」於神學中，但其被再造的時間與上帝創造這個世界的時間是同時的，所以基督教地獄中現在「畢竟還沒有一個人居住！」它的地獄還是空著的，像一塊巨大無邊等待開發的房地產地皮一樣，神秘而昂貴，因為「末日審判」還沒有來臨。

　　在這個神秘主義的「仁慈」啟示中，基督教地獄是一個什麼樣的地方，人們只能憑《新舊約全書》的記載去發揮想像，如：「硫磺火湖」、「火是不滅的，蟲是不死的」等等。但這個地獄最可怕的問題乃是：它自被創造以來，將永恆存在；人一旦落入地獄，也將永遠居於其中，直到「永恆」。

　　永恆是多久？永遠有多遠？很難說。只要承認人的靈魂是不滅的，那麼人死後靈魂的狀態只有兩種可能：一種是進入永恆的狀態，一種是進入迴圈狀態。對人死後靈魂狀態的預見，構成了基督教地獄與佛教地獄的區別。佛教和中國本土的道教都認為，人死後的靈魂會進入一種迴圈狀態，是可以修煉與改變的；而基督教地獄的生命觀是線性的——即靈魂會進入永恆的居所，不是天堂，就是地獄。

在基督教地獄中，「迪斯」
的腳是一隻鷹的爪子。

走出地獄 倫巴第手抄本 一四〇〇年 佛羅倫薩國家藝術中心藏

　　在基督教思想中，走出地獄的恐怕只有旅行者或上帝眷顧的某個神學家，而罪人是永遠不可能得到拯救的，這一點與佛教地獄漫長但有限的受苦又有所不同。這幅中世紀的手抄本描繪的，就是一個朝聖者和嚮導走出地獄、看到光明的情景；而顛倒的鳥腿就是在《神曲》中被稱為地獄魔王的迪斯，據說要經過他的身體才能出地獄。

199

　　佛教輪迴的觀念可能會造成一些困惑，但畢竟還有一些希望。相較之下，基督教的「地獄永恆」思想，則令人不寒而慄。誠然，罪人與惡人都應受到相應的懲處，然而這種「永恆的懲罰」是不是就是世界唯一的出路呢？一個人從出生到肉體死亡，其在人世所犯的罪畢竟是有限的，有限的罪為什麼要受到無限的懲罰？這意味著一個什麼樣的神或上帝？在佛教輪迴的生死觀中，一個人就算來世變了豬、變了狗，總還是有機會從頭再來，然而基督教的「永恆地獄」卻不是。至高、至善、全知、全能的「上帝」將渺小的罪人放在永恆的地獄之中，從此再也沒有超脫的機會了，這樣做的意義與佛教相比，是否恰恰是反仁慈的呢？

　　歷代神學家或基督教詩人曾作過一些關於地獄幻想的總結，其中又以義大利文藝復興詩人但丁的《神曲》中的幻想最為有名，他筆下的基督教地獄共分為九層，每層囚禁的罪人各有不同的罪過。

接近魔鬼迪斯　比薩手抄本　一三八五年　德國漢堡藏

　　（右頁下圖說）一個面目猙獰、正在吞噬人體的魔鬼，還長著蝙蝠翅膀──這就是管理基督教地獄的惡魔迪斯。據說，走進基督教地獄的人，最後都將來到他的雙腿前，順著他的腿，爬到他毛茸茸的生殖器邊，然後穿過他的身體，才能重新獲得新生。迪斯與佛教閻羅王有著根本的區別，因為他代表的是完全的邪惡；而閻羅王只是佛法的執行者，甚至是護法神之一。

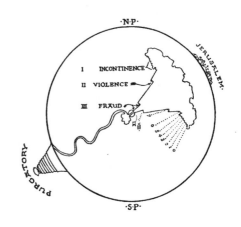

從地獄到煉獄山的行程圖

泰普·克拉斯　一九五四年

　　這是近代關於《神曲》地獄環境的簡單結構示意圖。反漏斗形的地獄一層層地下降，一直到最尖端的底部，經過羊腸一樣的彎曲道路才能到達煉獄。

降魔 紅殿壁畫 西藏扎達

　　這幅壁畫描繪的也是魔王魔波旬率眾來侵犯釋迦牟尼、惡意攻擊他修行的故事。儘管宗教中的「地獄」都具有極大的威懾力，但善與惡的鬥爭並不會因此而停止。所有的魔鬼仍然都生犄角、獸頭，肚子上有口與眼睛，揮舞著各種不同的兵器，妖精或美女極盡妖媚淫蕩邪惡之相。據說她們有三十二種媚術，後來佛陀招引地母，於是大地起了六種震動，使魔軍潰散不堪，連續七天都無法再次聚集起來，甚至有很多魔鬼最後都皈依了佛祖。

　　但丁自稱先是迷失在「人生旅程的中途」，然後進入地獄之門，來到阿格龍河畔──這裡聚集了因上帝的盛怒而死的人。之後，他開始遊歷地獄各層：

　　第一獄：在基督教之前的先哲聖人，由於未受洗，所以只能滯留於此。

　　第二獄：色欲中沉淪的靈魂。

　　第三獄：貪吃的靈魂。

　　第四獄：貪婪與浪費的靈魂。

　　第五獄：憤怒暴躁的靈魂。

　　第六獄：迪斯（羅馬神話中的冥王）城。異教徒在火墳地獄中受煎熬。此外，這裡也是關押那些與路西法一同墮落的天使們的場所。

試圖襲擊佛陀的惡犬都被化為「護法」。

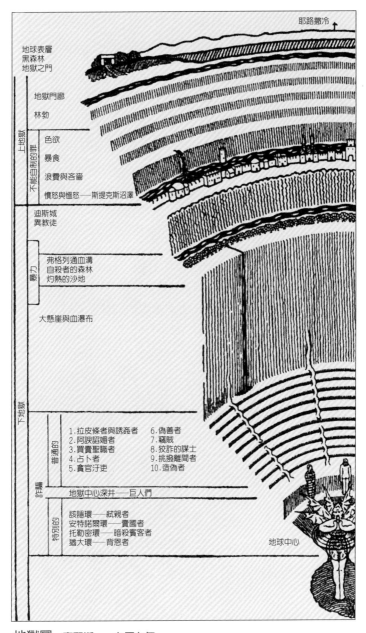

地獄圖　賽耶斯　一九四九年

但丁在《神曲》中，把基督教的地獄分成相互承接的九層。

第七獄：

第一環：暴力傷害他人者。

第二環：自殺者。

第三環：同性戀者、重利盤剝者及藐視上帝的靈魂。

第八獄：

第一溝：淫媒與誘姦者。

第二溝：阿諛獻媚者。

第三溝：爲金錢玷汙聖職者。

第四溝：占卜先知者。

第五溝：貪官汙吏。

第六溝：虛僞的靈魂。

第七溝：竊賊。

第八溝：勸人行惡者。

第九溝：挑撥離間者。

第十溝：術士、僞裝者、誣告者、僞誓者。

在第八獄和第九獄之間，關押著反抗天神的巨人族。

基督教地獄中的監刑官之一——人馬怪。

基督教地獄第七層第一環——暴力傷害他人者

（右頁圖說）在基督教的地獄中，以暴力傷害他人者被強迫浸在血河裡，並有人馬怪看守。

第九獄：

該隱環：殺害親人者。

安特諾爾環：賣國賊。

托勒密環：暗殺賓客者。

猶大環：科西多湖。這裡是背叛上帝的天使路西法和背叛基督的猶大被囚之所。

基督教地獄第八層第一溝——淫媒和色情騙子

波提切利　約一四九五年

在這一圈中，詩人但丁在他的地獄嚮導維吉爾指引下，看到了許多裸身的罪人。其中，拉皮條者和誘騙者被長著角的惡鬼抽打著、驅趕著，而色情騙子和阿諛諂媚者被浸在糞便池中，忍受無邊無盡的惡臭與折磨。他們生前都曾以甜言蜜語欺騙過自己的愛人或朋友，因此受到了這樣的懲罰。

陷於糞便池中的色
情騙子與阿諛諂媚者。

　　然後是「煉獄」，也叫「煉獄山」或者「淨界」，其結構與囚禁的罪人如下：

　　山腳：被教會驅逐者。

　　環山平地圈：終生怠惰者、暴死者。

　　花穀：疏懶的帝王。

　　然後是「煉獄之門」。

　　第一層：驕傲的靈魂。

　　第二層：嫉妒的靈魂。

　　第三層：憤怒的靈魂。

　　第四層：懶惰的靈魂。

　　第五層：貪婪的靈魂。

　　第六層：貪吃的靈魂。

　　第七層：好色的靈魂。

　　最高層：伊甸園。

　　煉獄的犯罪思想，主要就是天主教的所謂「七罪宗」。

買賣聖職的教皇死後下了地獄。

口吐芯子，手持長槍的地獄惡獸。

基督教地獄第八層第三溝──買賣聖職者

　　（右頁圖說）在第三溝的一個險峻洞穴裡，一個靈魂被頭朝下的塞在一個坑裡，兩腳被永不熄滅的火熖舔噬著。他就是為了金錢而出賣聖職的教皇，死後被迫留在這裡，接受羞辱與懲罰。

然後就是「天堂」。但丁把天堂分為十重天：

火焰帶：將地球與天國分開（淨界和冥界都位於地球）。

月球天：信誓不堅定的靈魂。

水星天：為追求世上榮耀而建功立業的靈魂。

金星天：多情的靈魂。

太陽天：智慧的靈魂。

火星天：為信仰而戰亡的靈魂。

木星天：公正賢明的靈魂。

土星天：隱逸默想的靈魂。

恆星天：基督的勝利，對瑪麗亞的讚美。

水晶天：天使的凱旋。

淨火天：上帝所在的真正天國。

雖說《神曲・天堂篇》中有許多思想都來自義大利神學家湯瑪斯・阿奎那的總結，有一些篇章也並非但丁所寫，但和彌爾頓、喬叟等偉大詩人一樣，但丁所幻想的地獄被全世界基督教徒所信服。就像多雷的版畫，凡是看過的人，沒有誰會「懷疑」這不是那個「永恆的地獄」。

基督教地獄第八層第九溝——不睦和分裂的傳播者
古托索　水彩畫　一九七○年

（右頁圖說）地獄的刑罰是令人恐怖的，但丁一再在他的長詩《神曲》中提醒人們。在第八層第九溝中，受罰的罪人們展露的是地獄血腥殘忍的一面。有的罪人喉嚨被撕開，從鼻子到眉毛全被削去，露出鮮紅流血的頭頸；而有的罪人從下巴到腹部全都被割開，心肺和腸子全都垂在外面。這些罪人活著時都是不睦和分裂的傳播者，所以進入地獄後要不斷忍受身體被劈開的痛苦，傷口雖然能癒合，但也只是為了再次被劈開，這樣的折磨永遠無休無止。

　　和佛教地獄的領袖閻羅王有些不同，基督教地獄中的那個領袖——即著名的魔鬼撒旦（Satan/Satanael/Satanial），其原型並不是審判罪人的。撒旦，只是一個代稱，其本意是「敵對者」。彌爾頓在《失樂園》中談到：大天使拉斐爾告訴亞當，「撒旦」是他現在的名字，他當年在天上的名號已佚失。早期在編撰《舊約聖經》的時候，猶太教還沒有「惡魔」的概念，當時的撒旦比較接近「試驗者」與「檢查官」的意思（可見《舊約·約伯記》第一章）。後來衍生出一種版本，認為撒旦是嚴格追求真理的天使，無法容忍違背真理的行為。到了巴比倫俘虜時期，因為接觸其他宗教，而創造出各種惡魔，異教神祇有些被當成天使，有些被當成惡魔，而撒旦吸收了一些異教邪神的形象，才演變成為《新約·啟示錄》中那條邪惡的古龍。

動物與雜寶　貢康洞東壁畫　西藏

　　佛教歷來把所有的生命混為一體，稱為「眾生」。在死亡的概念上，更是把現世的和幽明世界的生靈都看成一個神格狀態，這種思想也滲透到輪迴觀念中。此壁畫就是表現死亡後各種動物的形象，包括人類的腸子、人皮、人體骨骼和女鬼、龍、蛇、狼、大鵬鳥、山羊、羚羊、野犛牛、黃牛、奔馬、野驢、豹子、山

動物與雜寶（局部）

鬼、飛鳥、野豬等天上地下的飛禽走獸。它們在宛若後現代繪畫的色彩風格裡，
統一成一個世界，並都代表著供養佛陀的法器與雜寶，深刻體現了佛教「死亡面
前，眾生平等」的觀點。

《新約‧啓示錄》第十二章明白地寫到：「有一條大紅龍，七頭十隻，七頭上戴七個冠冕。他的尾巴拖拉著天上星辰的三分之一，摔落在地上……在天上就有了爭戰，米迦勒同他的使者與龍也同他的使者去爭戰。並沒有得勝，天上再沒有他們的地方。大龍就是那條古蛇，名叫魔鬼，又叫撒旦，是迷惑普天下的，他被摔在地上，他的使者也一同被摔下去。」

其中還提到撒旦被捆綁一千年和末日審判的事情。

先前解釋的當然是較早以前的撒旦，近代惡魔學中的撒旦經過多次演變，已經完全不同了。撒旦是地獄中最大的魔王，有七名墮天使常被稱爲撒旦。其中最有名的莫過於路西法，《失樂園》記述的其實就是路西法；其餘六名也被稱爲撒旦的魔王是：亞巴頓（Abadon）、薩麥爾（Samael）、比列（Beliel）、別西卜（Beelzubub）、阿撒茲勒（Azazel）、莫斯提馬（Mastema）。

善巴拉菩薩王　唐卡　西藏　清宮舊藏

（右頁圖說）文殊菩薩是佛教四大菩薩之一，相傳閻羅王就是他降伏的。善巴拉菩薩王就是藏傳佛教中「獅子語文殊菩薩」的化身，又一位與地獄有著微妙聯繫的神祇。他通常被表現爲白面、獅子鼻，雙目忿怒，頭戴寶石盔，穿著鎧甲，右手持三叉戟，左手持盾牌，站在戰車上與敵人和魔鬼交戰。這幅唐卡下部充滿了和他混戰的各種水天、自在天、夜叉、火天、閻魔、羅刹等惡神。場面宏大，激戰場景鮮明、殘酷，每一個神靈旁邊還寫著各自的名字，顯得異常詳細豐富。

217

　　至於撒旦葉（Satanael/Satanial），則是十世紀前半於馬其頓（今保加利亞、南斯拉夫一帶）興起的鮑格米勒（Bogomil）教派所引入的惡魔名號。《以諾書》也提過這個名字，不過只說他是看守天使的一員。鮑格米勒教派否定教會的組織，將世界分為絕對善和絕對惡的兩面，持有非常禁欲的極端思想，他們眼中的三位一體乃指神、子及惡魔；父神是一切的支配，而子持有天上的支配權，惡魔則持有地上一切的支配權。據說撒旦葉和基督是神的雙生子，撒旦葉成為天使中最崇高的天使，坐於神的右席，但因為想更進一步取得和神平等的地位，而和追隨他的三分之一天使一起被逐出天界。他既然當不成天界的神，就想創造一個自己的天地，來當這個新天地的神；於是他創造了物質的世界，又和父神達成停戰承諾，一同製造出亞當和夏娃等等。神允許他支配這個天地，但在夏娃出生的同時，撒旦葉化身成蛇，和夏娃生下了該隱，之後該隱殺了自己的兄弟，一切罪惡都來自撒旦葉。

獅子是文殊菩薩的坐騎，而「獅子語文殊菩薩」則顯出「獅子鼻」相。

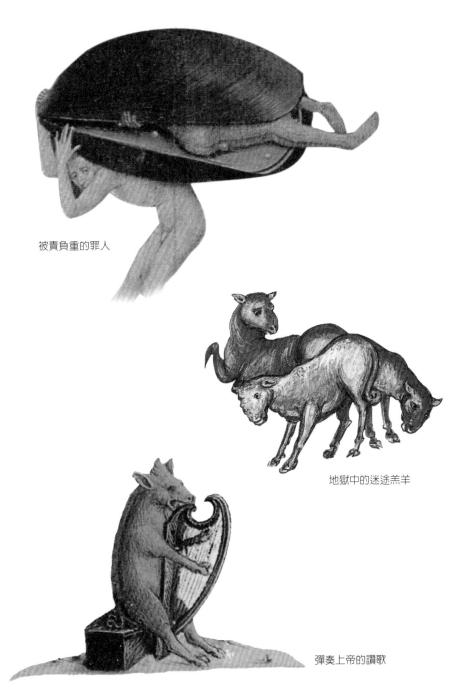

被責負重的罪人

地獄中的迷途羔羊

彈奏上帝的讚歌

二、中國神話中妖精的起源

　　基督教地獄和佛教地獄都有很多惡魔、妖精與怪獸，對它們種種幻想的最直接來源，自然是人與動物之間的矛盾。這些幻想後來被普遍應用到佛教的地獄中，成為各種鬼魂的化身。

　　原始人類在接觸大自然後，遇到了僅次於地震、火災或颱風這些自然災害之外的第一威脅。「洪水猛獸」可以說是漢語中最早出現、用來表現冥冥世界中有一種神秘恐怖和未知命運的代名詞。宗教的誕生，就是來自非生物的恐怖與巫術哲學的結合。人們用神、天、道、命運等來解釋未知的存在，祈求平安。而來自生物的神秘性，包括鳥類、魚類、昆蟲和植物類的詭異奇妙，人們卻不容易找到答案，於是「妖怪」的概念就出現了。

《山海經》中的西王母

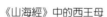

蓮花生大士　布本設色唐卡 清代 西藏

　　（右頁圖說）蓮花生大士是藏傳佛教的開基祖師，藏人視大士為阿彌陀佛之化身、觀世音之法語、諸佛之心意，是「身語意」三者之匯合，並尊稱為「咕嚕仁波切」，即「珍貴寶上師」之意。

　　當諸佛菩薩以忿怒相示現時，即表示具有降伏惡性眾生的大能，眾生面對法力強大的妖魔時，為免受其荼毒，便只好求諸於佛法的保佑。

221

在中國，妖怪最早叫「精怪」，或者「物」；周代的人稱爲「彪」，彪就是鬼魅。印度文明傳入後，與佛教的「魔羅」相混，故稱妖魔、魔鬼等。原始人靠狩獵、捕魚和百草爲生，當遇到無法戰勝的禽獸時，首先想到的不是自己的無能，而是對方的神秘性。

人類最初是被猛獸或大自然的災難追趕著逃跑的。當飛禽走獸們光輝、強大且協調的自然力得意地發揮，並在山水中表現出人類望塵莫及的生存能力時，肉體弱小的人類便懂得了「英雄崇拜」。

宗教惡魔或妖精的崇拜，可以說是最早的「英雄崇拜」。「英雄」一詞最早與人類無關，是對動、植物中的最佳品種而言。英，即百草之英華，指花朵，譬如《詩經》中就有「顏如舜（即木槿）英」的比喻；雄，即百獸之雄傑，是雌性的反義。三國劉劭的《人物志・英雄》說：「夫草之精秀者爲英，獸之特群者爲雄」。因此，「英雄」最早就是指大自然中，那些最強大、聰明、善變化的生靈。

長江三峽截流後，著名的鬼城酆都成為一座三面環水的半島。

山中虎

《鏡花緣》插圖　清代

高金龍藏

　　在中國傳統文學中，百獸之王老虎經常幻化為凶惡的妖怪，不僅能口吐人言，而且還能運籌帷幄，有著很高的智慧。

海外奇他俱山中
遇故人還將
打席爲
慢解遠多情
雨午之秋

九尾狐　《山海經》插圖

　　九尾狐是出現在中國神話中最早的妖精，它可以追溯到大禹時期。唐朝以後，狐狸精就經常出現在佛教故事中了。

對於那些超越了人性理解力的物性，只好稱「怪」。

在佛教沒有傳入之前，中國最早的精怪可以追溯到上古的《山海經》、《白澤圖》和《九鼎記》中的各種怪物。《莊子》和左丘明的《國語》中，也曾出現過一種名為「罔兩」的妖精——即後來的象罔、魍魎、方良或罔象的最早寫法——這是一種很像夔龍或蛇類的無形鬼魂，漢朝許慎在《說文》中說它是「山川之精物」。「夔」就是鬼，相傳只有一隻腳。《列子》云：「鬼者，歸也。」可說是原始人類對死亡即回歸的神化。當然，在上古神話中，還存在著像三足烏（日精）、月中蟾蜍、魅、青龍白虎，朱雀、玄武等等精靈。《周易》中第一個談到了狐狸「小狐汔濟，濡其尾」，然後是《楚辭》「封狐千里」，但這些並不是作為精靈神話而說的，而是作為人生哲學。

佛教傳入中國後，道家的精靈妖怪和佛教的魔鬼們就混為一談了。

《山海經》中的九尾狐

蓮花生大士的八化身之一 布本設色唐卡 清代 西藏

（右頁圖說）蓮花生大士為因應化度不同的眾生，示現八種變化之身，各具尊形及法號。這幅唐卡所畫的即是蓮花生大士的化身像之一，面呈忿怒相，掛骷髏項圈，眼睛遍佈全身，左手持降魔杵，右手持短劍，雙腿右屈左伸，站於虎身之上。他的坐騎前後爪各踩著一具屍體。

225

漢族的精怪本來就有一個很龐大的幻想體系。先秦假託黃帝著的《白澤圖》中，列舉了大約有一百九十多種精怪，該書在唐朝前後逐漸散失，據後來收集的殘篇文獻，大約還剩了五十種。

妖精出現的第一原始地點，當然應該是山林。之所以這樣說，不僅是因為《白澤圖》中大部分精怪都出自山林，也因為古今中外的一切神靈都與山的神秘分不開。就連基督教《舊約‧出埃及記》中的耶和華上帝，最早也是一位「山神」。佛、道人物想要修行，也都是以「入山」開始。還有拜火教中居住在山上的查拉斯圖特拉、希臘神話中的奧林匹斯山諸神，或者是印度教、非洲宗教、薩滿教等等。與這些所謂正統的宗教崇拜相比，精怪崇拜雖然缺乏哲學，與人類社會幾乎無關，完全是原始人類對於山林中眾多神秘生物的一種感覺，但其神秘主義式的根源和性質，卻如出一轍。

妖精的另一來源是古代政治鬥爭。上古中國自從母系氏族公社被推翻之後，父權政治成為文明的標誌。伏羲代替了女媧，炎黃逐鹿於中原。這一觀念被儒家繼承後，女性參政就

《山海經》中的育蛇

豬八戒　《西遊記》原有圖像

（右頁圖說）妖精的出身未必就是出於荒山野嶺的木靈獸精，凡人、甚或是天人都有可能轉化為妖。譬如《西遊記》中的豬八戒，本是天界的天蓬元帥，因犯戒受懲才下凡為妖，而他護送唐僧西天取經、被封淨壇使者的結局，更證明瞭妖精可為佛法感化，走入正途的言論。

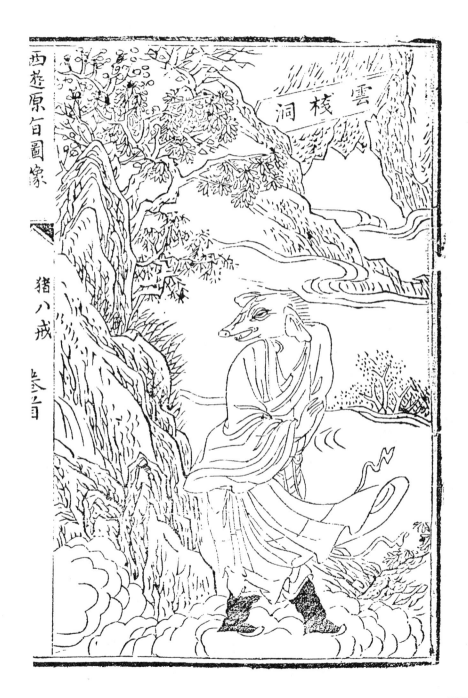

西遊原旨圖像

猪八戒

雲棧洞

成為一種「反動」的勢力了。《左傳》云：「妖由人興。」又說：「地反物為妖，亂則妖災生。」可見在儒家，妖怪的出現是與政治有緊密聯繫的。這也是「妖」字的來源。妖字原來寫作「祅」，後來卻通行為女字旁。

女性在原始社會不可能是狩獵主力，她們害怕野獸。只有男性能征服動物，抗衡大自然的各種災害。但女性在權力鬥爭中卻是最早的贏家，這不得不引起男性的嫉妒和反抗。大約在上三皇時期，女性就退出了統治地位。先秦之後，唯一延續「母儀天下」的是道家。道家講「陰柔」，崇拜水，以柔克剛，陰騭善變，善為人下為王，所謂的「黃老之術」就是從女性政治鬥爭中得來的經驗。

而無論儒道，都將最大的政治（或修行）成功者稱為「龍」。龍是中國最大的妖精，鹿角、鷹爪、牛鼻、雞冠、蛇鱗、魚鬚……完全是個大雜燴的怪物！但這個怪物卻是漢族的圖騰。到了漢朝，妖怪就正式被列

《山海經》中的南海海神「不廷胡余」

以綠龍為坐騎的白財神 布本設色唐卡　清代　西藏

（右頁圖說）白財神相傳為觀音菩薩的眼淚所化，一面二臂，面容半怒半笑，三目圓睜，髮上衝，以五佛冠為頭飾，上身披綢緞，以巴乍勒嘎綢緞為裙，以各類寶物為飾，以綠龍為坐騎，匯聚一切財神之功德，能救度飢餓中的眾生之苦。在眾多的妖精之中，龍是較難降伏的一種，但它雖然具有上天入地之能，依然常常被釋家弟子收服、驅使。

入正史了。班固《漢書》中有一卷〈五行志〉，專門蒐羅各種妖怪，有草妖、蟲孽、羊禍等等，這個先例一開，後來的《新唐書》、《隋書》、《明史》等都依循列出五行志來，於是中國的妖精體系成倍地增加。

另外，在古代殘酷神秘的權力鬥爭中，女性一直在某些關鍵時刻，展現出詭秘奇妙的作用。妲己、褒姒、齊姜、驪姬、南子、西施，一直到後來的虞姬、呂雉、班婕妤、趙飛燕、貂蟬、昭君、武瞾、楊玉環、馬皇后，乃至董小宛、慈禧等等，女性對中國歷史和社會的影響是巨大的，而且大多帶有一定的破壞性，因此儒家思想很忌諱女性，將她們與小人並稱。

民間意識中也大都覺得，女性起到了幾乎與猛獸一樣的威脅作用。

從《白澤圖》到《西遊》、《封神》和《聊齋》，歷時大約兩千年，除了名字奇特的散仙精怪不斷被增加，又不斷被淘汰之外，有一批主要原形是野獸的妖怪卻一直很穩定，譬如牛、虎、狼、鹿、狐、狸、猴、蛇、鼠、犬、龍、馬、龜、蟹、雞，還有一些樹精等等，這些都是與人類生活息息相關的禽獸。事實上，

天神「窫窳」
《山海經》插圖

　　在中國神話中，黃帝是一位具有通天徹地之能的神仙，管理著許多妖精與天神，窫窳就是其中之一。窫窳蛇面人身，曾被天神貳負殺死，後又被不死之藥救活。

蜘蛛精

蜘蛛精 《新說西遊記》圖像 清代

　　蜘蛛精是《西遊記》中提到的一種法力高強的妖精，可以幻化為女子，以色相迷人，並從肚臍中吐絲，捆縛人類來吞食。蜘蛛精的形象源自於人類對毛茸茸的大腹蜘蛛的想像，反映了人類對於大自然的恐懼心理。

這才是古人妖怪意識的根源：人是雜食動物。在漫長的原始狩獵時期，人類一定遇到過很多艱險困苦，人們把那一切不能解釋的特殊自然現象，通稱爲「精」，或者「精神」。

除了來自於動植物的精怪以來，另外還有一個千年不變的原始精怪形象：就是女人。古中國是一個政治哲學至上的帝國，幾乎所有的「文化人物」也都是政治人物；而由於女性在政治中起的巨大作用，她們進入精怪體系，是勢所必然的事情。

女性妖媚，禽獸精靈，兩者結合在一起，就是「妖精」。

現殘存的《白澤圖》中，只有三種精怪是以美女的形象出現，即「觀」、「知女」和「卑」。《山海經》中還有「女醜屍」等，但都沒有形成大規模的崇拜，只是一些散仙。直到儒家意識到女性參政對社會的危害之後，才有大規模女性妖怪的出現。在眾多的妖魔鬼怪中，最受中國人青睞的，可說是山魈（或曰「山蛸」）和狐狸。山魈即「五通」或「夔」的原型，主要出現在南方；而北方，則是狐仙的天下。

狐媚勾人的狐狸精

狐狸精最早是男身，後來在小說家筆下多為勾引書生的美貌女子。

牛魔王

牛魔王 《新說西遊記》圖像 清代

　　男性妖精多半力大無窮,同時又有諸般變化,是對權威男性的一種畏懼心理的延伸。但即便是具有威勢的男性,也同樣會對女性懷有一種猜忌和恐懼的心理,就像《西遊記》中幾乎與孫悟空有著相同能力的牛魔王,也還是要不時敷衍一下他的妻子鐵扇公主一樣。

233

　　不過在《白澤圖》中，最早的狐仙不是女子，而是一個男性老翁。和很多妖精一樣，狐狸精本來也是男性，變成女人是需要修煉的。

　　據魏晉時期志怪小說《玄中記》所載：「狐五十歲，能變化爲婦人。百歲爲美女、爲神巫，或爲丈夫，與女人交接；能知千里外事，善蠱魅，使人迷惑失智。千歲即與天通，爲天狐。」

　　狐仙與女性的關係，最早應該出自「禹會塗山」的典故。《吳越春秋》言，大禹治水後，娶了九尾狐所獻的塗山女子爲妻，因此稱王。但《吳越春秋》是後漢時期的趙曄所著，誰也無法證明其傳說的可靠性。

　　無論怎麼說，男狐仙才是狐狸精的正宗。這一點不僅是《白澤圖》，在六朝志怪中也是顯而易見的，尤其是晉朝干寶的《搜神記》。用妖精比喻淫蕩女人的描述則散見各處，除六朝志怪和唐宋傳奇外，還有《太平廣記》、《青瑣高議》、《西遊記》、

奇獸「孰湖」　　《山海經》插圖

　　中國文化認為妖魔的存在都來自人類社會政治的動盪，所以在《山海經》中經常可見妖怪都有一張人臉。

女巫西多利亞

伯恩・瓊斯

水彩畫　十九世紀

　　西方世界同樣
有女性「妖精」，
她們的可怕不僅僅
在於擅長詭秘的、
可在無形中傷害他
人的巫術，同時也
在於她們可愛而美
麗的女性魅力。

《情史》、《酉陽雜俎》、《子不語》、《虞初新志》、《夷堅志》、《蝶階外史》、《螢窗異草》、《鏡花水月》、《夜雨秋燈錄》、《道聽塗說》、《狐諧》、《封神演義》、《閱微草堂筆記》、《耳食錄》、《聊齋志異》……等等。

所有這些書中的妖精，無非是強調女人的妖媚和陰險。

的確，在性的世界裡，男子一直是「弱者」。自詡能戰勝大自然災難、與野獸搏鬥，並能發現宇宙和神的智慧的男人們，始終無法輕鬆地面對女性的誘惑，他們總是失敗。於是他們不僅將女人比喻為狐狸精，還刻意將女性儘量多元地妖魔化或泛生物化。

於是有了《白蛇傳》中的蛇精、《西遊》中的白骨精（殭屍）、盤絲洞（蜘蛛精）、還有琴妖（古琴幽靈、琵琶精）、「蕭家娘子」（牛與羊）、獺怪（水獺）、《劍俠傳》中的女俠（暴徒）、絳珠草化身的林黛玉（植物）、芙蓉仙子、梅痴（花朵）、梁祝（蝴蝶）、以及魯迅在「從百草園到三味書屋」途中看到的

陸吾與開明獸　《山海經》插圖
陸吾（左）、開明獸（右）皆是黃帝手下人虎共體的怪神。

獅子精

獅子精 《新說西遊記》圖像 清代

妖精未必天生就是要害人的,就像《西遊記》裡的九頭獅子精,本是天上神仙太乙天尊的坐騎,算得上是一頭仙獸,是因為思凡才下到人界為害的。

美人蛇；還有田螺、刺蝟、蟾蜍、老鼠……等等，大都是動物與植物的變形。

中國文學中，最可愛的女性們幾乎都是「野獸」或「怪物」。因為女人不是人精，就是妖精。而佛教──尤其是藏傳佛教──由於其宗教教義的原因，把很多妖精都變成了所謂的「護法神」，譬如閻魔王、姊妹護法、四大天王、吉善金剛、贊國（紅色夜叉）、還有無數的龍眾、鬼眾、阿修羅和羅刹魔女等，其中大部分是無性別或雙性別特徵的。

據說文成公主進西藏時，就修築了十二座鎮魔寺，以降伏羅刹女妖。到了近現代，妖精依然是一種很有魅力的比喻，譬如軍閥張作霖曾被比喻長了「一雙狐眼，機警過人」；美國有個二十世紀Fox公司，中國有個「搜狐」網等；世界上最著名的、帶有現代氣質的妖精，是十五世紀出現在法國的吸血鬼德古拉（Dracula）。另外，還有希臘神話中的美杜莎、人馬、牛首人身

長有九尾，直立行走的「陸吾」。

多樣的大黑天黑色唐卡 布本設色唐卡 清代 西藏

　　（右頁圖說）在這幅唐卡頂點的是一個藏傳佛教黃帽派的喇嘛，他的左右兩翼是空行母和另一個喇嘛。稍上一些的中心是一面六臂的瑪哈噶拉像，稍微小一點的四面四臂的瑪哈噶拉在稍下方的中心，畫面中還有很多種形式的瑪哈噶拉像。這幅黑色的唐卡可能是十八世紀的作品，有很多精巧的細節。

239

怪、潘神；基督教的撒旦、淫婦、利維坦、大紅龍等；甚至那些所有孩子們都鍾愛的米老鼠、唐老鴨，還有《哈利‧波特》裡的掃帚精，還有異形、E.T.、殭屍……，也無一不是來自這傳統的「妖精主義」。

在中國，古代美人都以削肩水腰的曲線美爲標準，這也正是一切妖精、狐狸精，甚至女性神仙的標準，譬如觀音菩薩。

被眾多中國人崇拜的、所謂「華夏第一佛」的觀世音菩薩，其實歷史上並無其人。他原來是印度教裡的一個小馬神，釋迦牟尼後將其吸收進佛教，而且最早也是男性。觀世音有著許多分身：三十三分身、六觀音、七觀音等，多爲女性，而且有些特別妖媚色情：譬如說「魚籃菩薩」（馬郎婦觀音），專門與男子交媾，通過性講述佛道。觀世音也是西藏密宗的主神，稱「度母」，有些分身也類似「歡喜佛」，極其妖豔。對於只信仰一神論的西方基督教徒而言，「千手觀音」的形象，以及很多密宗裡的神靈、大黑天、夜叉、天龍八部、牛頭馬面、閻王小鬼等、無疑都是一個個可怕的異教徒「妖精」。

《山海經》中的蚩尤

人與妖精

（右頁圖說）其實，人與妖精的界限是十分模糊的，兩者之間既可共生，也存在著相互演化的可能。當一個人對他人懷有惡念時，他甚至可能變得比妖精更可怕。

但這些「妖精」卻是專門降妖的，或是正在成佛的。

這就像整天嚷嚷著要「打妖怪」的孫悟空，自己本身就是個「妖猴」。而整部《西遊記》也都包含著輪迴轉世的思想——如唐僧的前世是老虎、豬八戒的前世是天蓬元帥、沙僧的前世是通天河水妖、白馬的前世是龍王子。而且他們「五位一體」，混合為一地象徵著唐僧玄奘去西天取經的「心猿意馬」過程。

妖怪的一個典型把戲就是：作賊喊捉賊。

中世紀歐洲宗教裁判所總是以處死「女巫」的名義，殺害敢於獻身愛情或者反叛社會習俗的女人及異教徒，譬如聖女貞德。而在中國，幾千年來都發生過「燒死她，她勾引有婦之夫，她是狐狸精」的事！文化大革命時期，不僅「橫掃一切牛鬼蛇神」，而且一個女人只要稍微將自己打扮得漂亮些，往往就會招來人們的非議，將其稱為「妖精兒」。其實所有的人都明白，真正的妖精並不可怕，那些自稱降妖除魔的人才更恐怖。比妖精更妖的，是人被當作妖對待的時代：變得人不人，鬼不鬼。

《西遊記》中的「妖猴」——孫悟空

幾百年來，《西遊記》中「妖猴」的形象已經被正義化了。孫悟空本是魔鬼，卻成了打魔鬼的英雄。

吸血鬼

　　在西方文化中，「吸血鬼」是有著幾百年傳統的妖精，本是男性貴族，後來泛指很多能夠依靠別人的血活過幾百年的妖精。

　　在一切美麗的神話中，妖精的本質是強者，是英雄或美人。而在佛教地獄中，妖精則是被人邪惡化的「泛神論」——任何一個小鬼，都有懲罰罪人的權力。

　　「妖精之道」可以說不亞於神佛之道，因爲她們也能征服人類，不過不是用什麼眞理智慧說教，而僅僅是用：美。人類充其量只能崇拜神佛，嫉妒妖精，這是因爲他們自己太平庸了——「成佛怕吃素，成妖怕被除」。

　　而眞正邪惡的，恰恰是這樣一種人：他們總覺得自己能代表道德。其實他們照樣吃飯、發情、性交、排泄、裝神弄鬼和撒謊……，人身上那點獸性他們都有，又總是想掩蓋。人是動物的一種，所以完全沒有「獸性」的人性是不存在的、虛僞的，恰恰是反人性的。

　　在沒有成佛成仙之前，人與妖是平等的——都是動物的變異。這種變異與對變異的認識，就是「六道輪迴」的思想來源。

藥叉波夷羅　布本設色唐卡　元代　西藏

　　藥叉也是天人中的一種，經書中載有十二位藥叉神將，發願擁護藥師法門，利樂有情。《藥師本願功德經》記載，此十二藥叉大將——各有七千藥叉以為眷屬——同時舉聲白佛言：世尊，我等今者蒙佛威力，得聞世尊藥師琉璃光如來名號，不復更有惡趣之怖，我等相率皆同一心，乃至盡形歸佛法僧，誓當荷負一切有情，作為義利、饒益安樂。

　　根據《藥師觀行儀軌》等佛典所載，這十二神將在十二個月份中，輪流率領眷屬守護眾生。又，這十二神將從最後的毘羯羅起，到最初的宮毘羅為止，其守護眾生的年份，剛好是從子年到亥年的十二支。

三、 地獄意識、達爾文與蚯蚓

地獄究竟存在與否,這個問題已經不重要了。

就算是地球物理或物質世界中不存在地獄,但宗教深遠的歷史與影響力,已使每個人心中深植一個永遠的「地獄意識」。這是一種幻想,一種束縛,也是一種精神和文化。

佛教與道教關於地獄的描述,也早已通過建築或文藝作品深入人心。譬如現在已經見不到的、被長江三峽工程埋入水底的「鬼城」——原四川省酆都市,那裡就曾經有過成千上萬關於陰間與鬼魂的雕塑和建築,成為一座人世間的「大地獄作品」,遺憾的是我們現在無法身臨其境去觀看了。再譬如清朝鬼才文人張南莊所寫的《何典》,就是一部很奇特的、有著佛教地獄印記的神秘主義古典小說;雖然它採用了「幽默」的南方人口語和文體,在中國小說中別具一格,但小說通過對「下界陰山」、「鬼穀」以及「三家村」的土財主「活鬼」一家兩代的不同遭遇,描述了一個由閻羅王與無數妖魔鬼怪居住的陰曹地府。

「鬼城」酆都

中國人為了滿足對佛教信仰的心理,甚至平地建造了一座城市,就是著名的「鬼城」酆都。

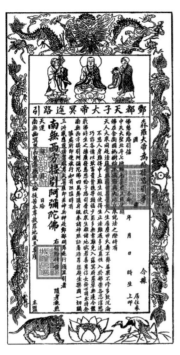

冥途路引

　　這是人死後魂魄到地府報到的「通行證」。凡是人死後，必須立即燒掉此符，亡魂方可拿它著進入陰曹地府。

地獄中的分屍酷刑

　　地獄裡的刑罰只是對人間監獄制度的一種翻版。

《何典》的流行對中國民間信仰佛教的人是有觸動的，它一反舊小說的「文人氣」，無章無典，無規無矩；滿目髒字卻不下流，油嘴滑舌卻很嚴肅。書中一個一個兩腳行走的動物，都是各種各樣的鬼魂，無一屬於人類，說的是鬼話，幹的是鬼事，吃的是鬼飯，看的是鬼戲，懷的是鬼胎，做的是鬼官。在光緒五年（一八七九年）印的《申報館書目續集》中的《何典》題要是這樣說的：

「《何典》十回。是書為過路人編定，纏夾二先生評，而太平客人為之序。書中引用諸人，有曰活鬼者，有曰窮鬼者，有曰活死人者，有曰臭花娘者，有曰畔房小姐者。閱之已堪噴飯，況閱其所記，無一非三家村俗語，無中生有，忙裡偷閒。其言，則鬼話也；其人，則鬼名也；其事，則開鬼心、扮鬼臉、釣鬼火、做鬼戲、搭鬼棚也。語曰，『出於何典？』而今而後，有人以俗語為文者，曰『出於《何典》』而已矣。」

這本書雖然書諷刺時事之作，也充分說明了「地獄意識」對人的影響。它在針砭中國社會醜惡的同時，也描繪出了一幅像唐卡一樣複雜的佛教地獄風景圖。它把人們對死亡的恐懼與輪迴時的道德審判聯繫起來了。

吉祥天女 布本設色唐卡 清代 西藏

（右頁圖說）吉祥天女藍身，無靴，面目極其恐怖。上身穿黑褐色衣，下身穿虎皮裙。披人骨珠飾，手持鐵骨缽、屍杖，以毒蛇作腰帶，以日為頭飾，以月為腹飾。右耳以獅為佩，意在聽經，左耳以蛇為佩，為忿怒多，背景為大風，周圍為火。吉祥天女的可怖形象與佛教地獄中的種種恐怖，有著異曲同工的警示作用——喚起眾生的怖畏之心。在某種程度上，這種怖畏之心可以輔助眾生堅固對佛法的信心。

249

　　沒有人真正不怕死亡。但人自出生的一刻起，就註定走向死亡。對於死亡的本質，人知道多少？人類能否以自己的意志決定死亡的方式？死亡後的好與壞，是否的確與生前的行為有關係？

　　在世界宗教精神的叛逆上，有四個西方人造成了非常大的衝擊。這四個人即尼采、達爾文、佛洛伊德和馬克思——一個從神學與哲學的角度否定上帝，一個從動物與進化的角度否定神界，一個從性的角度否定倫理，一個從物質與階級的角度否定精神。

　　尤其達爾文和佛洛伊德，都是徹底改變人類歷史的人物，他們似乎揭去了基督教上帝的面紗，使人類與自然之間不再有種種神秘的阻隔。英國當代重要精神分析學家亞當·菲力浦斯就以達爾文和佛洛伊德為例，寫了一本叫《達爾文與蚯蚓》的書，探討

達爾文認為蚯蚓的排泄改變了大地的結構。

主下地獄拯救靈魂 安基利訶修士 十五世紀

　　基督復活以後，下到地獄拯救出《舊約》中的傑出人物，這一事跡在外典《尼科迪墨斯福音書》中有敘述，並在一二一五年第四次拉特蘭會議和一二七四年里昂會議上被正式公佈為教義。但丁顯然遵從了這一說法。在文藝復興的先驅安基利訶修士筆下，耶穌手拿象徵復活的十字旗，光芒四射地站在地獄門口，守門的惡鬼驚駭地逃散。

了生與死的故事。達爾文屢次遭逢失去親人的傷痛，因此潛心研究蚯蚓何以在身體斷成數截後仍能存活；佛洛伊德則更是從容不迫，敢於面對臨死前的那每一刻。菲力浦斯由此歸納出一種很類似佛教無常的生死觀，認為人活著就要承受不斷的喪失，而喪失和死亡原本就是生命的一部分。但是這本書最關鍵的思想，是為了探索、甚至否定「地獄」或「陰間」的物理存在。

一八七三年，達爾文曾在倫敦地質學會，宣讀過一篇關於「在蚯蚓的幫助下腐植層（腐植質）的形成」的簡短箚記。他當時指出，草地上的物體從土壤的表面，沉到草根下面去，是由於物體下面的泥土被蚯蚓吞吃掉，經過蚯蚓的腸管，作為糞便被排泄到草地表面上來的結果。正是這些糞便，改變了地球表面與地球物理的本質。可見在蚯蚓的糞便底下，並不存在任何形式的宗教地獄或地下環境。

晚年時，達爾文更精確地觀察蚯蚓的生活方式，研究蚯蚓排泄的速度，還因此完成了最後一部巨著——《由蚯蚓活動形成的壤土腐植層，反對蚯蚓生活方式的觀察》。在該書的第五章和第六章裡，達爾文作出了蚯蚓參與破壞地殼表層的結論，他說風雨和江河激流帶走山上的岩石，捲走了土層。他還強調，流水和海

多杰達克森 布本設色唐卡　清代　西藏

（右頁圖說）這尊兇猛的保護神多杰達克森，正騎在巨蟒上。在他上方坐著一尊微笑的格魯派喇嘛，則是偉大的住持達瓦桑波。這幅唐卡背景中心被盤捲的巨蟒佔滿，周圍籠罩著毒霧、烏雲。在保護神的下方，從左到右依次是他的父親、手下、母親。這尊少見的、幾乎不為人所知的保護神，是與夜摩神聯繫在一起的，是格魯派獨有的保護神。

253

水在搬運細小微粒時最起作用。而這些顆粒——正是蚯蚓把土疙瘩弄碎，弄成圓形的，是蚯蚓促使它們把世界「搬走」。

在結語中，達爾文還談到蚯蚓在地殼構成史上的重要性。他說：「蚯蚓用最好的辦法，爲鬚根植物的生長和任何一個屬的種子植物準備好土壤。它們反覆不斷地使腐植土受到空氣影響；使土壤鬆散到不剩任何一顆大於它們能吞下去的小石子的程度。它們像園丁準備爲植物碎土那樣，均勻地把所有的東西都攪拌在一起……。」他寫道：「犁是人類最古老的和具有極大意義的發明，然而早在發明它之前很久，土地就被蚯蚓正確地耕耘過了，並將永遠被它們耕耘下去……。」

達爾文要說明的是地球本身的變化，這種變化與人類、與宗教、與上帝都沒有關係。總之，上帝沒有改變過地球，改變地球的是蚯蚓這個小蟲！

醫藥保護神 布本設色唐卡 清代 西藏

（右頁圖說）這是表現少見的、特殊的傳統藏醫學保護神之一的繪畫，她是巨魔的王后，也可能是度母的一種形式，誇張的毛髮中露出很小的狼頭，還有長而凶殘的尖牙和用頭顱做成的精美王冠。她全身裸露，身上戴著骨頭做的裝飾品，降魔劍在右手，三叉天杖在左手，在閃電的頂端，她騎著九頭蟒蛇。除了巨大的棕色女保護神和粉紅色的九頭蟒蛇外，畫面同時還充滿了橘紅色的火焰和一閃而過的風景與天空。這種元素繼承了瑪噶舉風格，同時畫面又是簡單的，強調了主體圖案。

255

　　蚯蚓在中國一直被稱爲「地龍」。這種沒有首尾的神秘「線形動物」，大概是地球上最古老的生物。在它的蠕動下，「地獄」如果眞的存在，也早就被「耕耘」過了。而一切古代、一切自有人類以來存在過的動物肉體、建築遺跡、山石垃圾和汙穢……都經過它的腸胃而變成了——原子。

　　「地獄」是否是由原子構成的？這個問題在宗教神學上沒有意義。但「地獄意識」因爲經不起物理科學的驗證，也就直接導致了宗教在現代社會的式微——從而徹底走向人類心理學範疇。

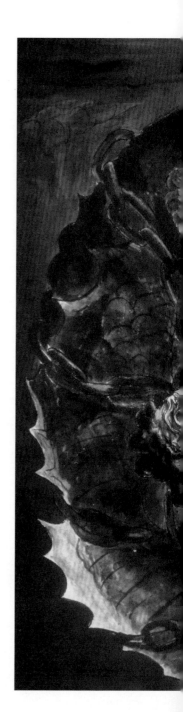

送下地獄
威廉・布萊克　一八〇四年　波士頓美術館藏

　　大天使米迦勒用鐵鍊捆住撒旦，將其送入了地獄。無論是佛教，還是基督教，它們都在強調主宰世界之神的無邊能力；然而，達爾文透過可重複的實驗所得出的科學結論卻是：地球是由蚯蚓這種不起眼的小蟲加以改變的。

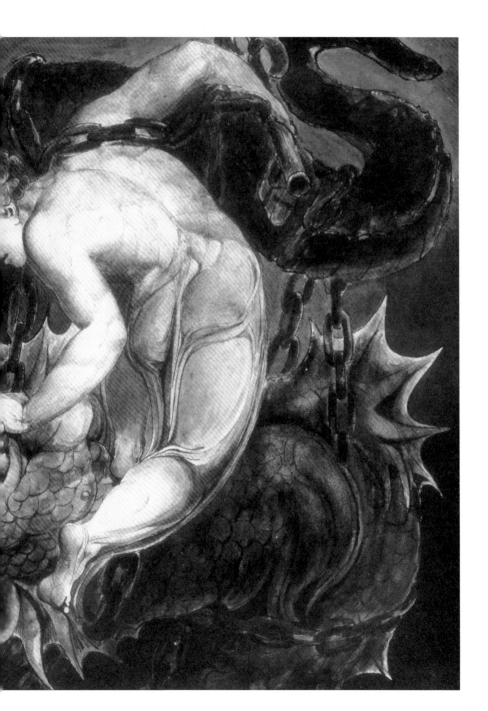

四、護法神、天龍八部及「鬼眾」

　　佛教有很多的護法神，或曰「護法」。藏密佛教護法神按照世間與出世間兩種分類：世間護法神也叫「業力護法神」，主要指尚未修得正果、正在受業力制約的、其行為可惡又可善的護法，譬如漢傳佛教中的韋陀、關羽等等；出世間護法神也稱「智慧護法神」，是已經進入聖果狀態的神靈，為保衛佛法而顯露出護法形象，有時是怒相，有時是靜相，譬如金剛、天母、天龍八部、多聞天王、梵天、帝釋等等，甚至還有民間的帝王及施主檀越。

　　護法神都是為了維護佛法而出現的，他們就如同基督教的天使、道教的神仙或儒教的賢人，以各種不同的形象提醒眾生對佛法的認識。最有名的是天龍八部，這八類天神又稱「八部眾」、「龍神八部」，即天眾、龍眾、夜叉，乾闥婆、阿修羅、迦樓羅、緊那羅和摩睺羅迦。

阿修羅　白描

　　（右頁下圖說）「阿修羅」是佛經中記述的一類種族，其形象很類似古希臘神話中的東西。在佛教輪迴思想中，阿修羅作為一種「怪物」，卻遍佈在天、人、畜生、餓鬼、地獄等五道之中。有時佛經並不把阿修羅單列一道，所以「六道輪迴」也叫「五道輪迴」，「六趣」也叫「五趣」。

　　如果單說阿修羅道，一般指的是天道的阿修羅。阿修羅之所以叫「非天」，是因為有天福而沒有天德。據說阿修羅天性好鬥，男阿修羅特別醜陋，女阿修羅則美貌無比。他們居住於帝釋天上，整天和天人打仗，天人會釀一種美酒，阿修羅特別喜歡；阿修羅出美女，天人也很羨慕。所以為了爭奪對方的東西，雙方打個不停。天人有一面天鼓，每當打仗，天鼓就會發出聲音召集天人，還會高喊口號振奮天人，喊的是「天人必勝，非天必敗」。

毘舍遮　白描

　　毘舍遮,意譯為食血肉鬼、啖人精氣鬼或癲狂鬼,是食人精氣或血肉的惡鬼。據說他是東方持國天的眷屬。

迦樓羅

西藏扎達　紅殿壁畫

　　（右頁圖說）天龍八部中的鳥怪迦樓羅，又作加樓羅鳥、迦留羅鳥、伽婁羅鳥、揭路荼鳥。意譯為食吐悲苦聲。或作「蘇缽剌尼」，即金翅鳥、妙翅鳥。是印度古代神話中，一種類似鷲鳥，性情猛烈的神格化之巨鳥，曾為毘濕奴天之乘物。據云，其生之時，身光赫奕，諸天誤認為火天而禮拜之。於佛教諸經典均載有此鳥之名，如《長阿含經》卷十九即謂，金翅鳥有卵生、胎生、濕生、化生等四種。卵生之金翅鳥可食卵生之龍；胎生之金翅鳥可食胎生、卵生之龍；濕生之金翅鳥可食濕生、卵生、胎生之龍；化生之金翅鳥可食化生及其餘諸種之龍。《觀佛三昧海經》卷一載，此鳥以業報之故，得以諸龍為食，於閻浮提一日之間可食一龍王及五百小龍。《經律異相》卷四十八謂，此鳥所搧之風，若入人眼，其人則失明。《菩薩從兜術天降神母胎說廣普經》卷七載，金翅鳥王身長八千由旬，左右翅各長四千由旬。於大乘諸經典中，此鳥列屬八大部眾之一，與天、龍、阿修羅等共列位於佛說法之會座。在西藏密教中，迦樓羅乃梵天、毘紐天、大自在天等之化身，或謂即文殊師利之化身，列位於胎藏界外金剛部之南方。迦樓羅之形象有多種，印度山琦遺跡中之迦樓羅僅為單純之鳥形，然傳於後世之形象則大多為頭翅爪嘴如鷲，身體及四肢如人類，面白翼赤，身體金色。這幅壁畫中的迦樓羅雙手抓住龍尾，舉過頭頂，口叼垂帳，更顯露出其恐怖的一面。

（1）天眾，即佛教所說的眾多天神。佛教將佛所教化的世界稱做「三千大世界」，這三千大世界又分為「欲界」、「色界」和「無色界」三界，而每一界又有許多天，如欲界六天、色界十八天和無色界四空天，每一天皆有一天神作為主宰，如四大天王、帝釋、兜率天王善喜、他化自在天王自在、大梵天王尸棄等。

（2）龍眾，「龍」是梵文Naga的意譯，是傳說中能興雲降雨的神。據說此神身長無足，變化雲雨，住於大海之中。龍有很多，中國民間通常稱龍王。

（3）夜叉，是一種能食鬼也能傷人的惡鬼。有的住在地上，有的居於天上，有的住在空中，行動勇健、輕捷、隱秘。

（4）乾闥婆，香神或樂神，據說是奉侍帝釋天的司樂之神，經常以音樂歌舞來讚美如來，宣傳佛教。

（5）阿修羅，意譯「非天」，即似天而又非天。是一種凶神，形醜而有力，是佛教保護神之一，據說住在須彌山北大海之底。他的存在也是「六道輪迴」之一，但因為他也是屬於「天道」，所以有時候則把六道稱為五道。

迦樓羅 白描

在佛教中，迦樓羅經常與大鵬鳥的想像相混淆，因為它也叫金翅鳥或妙翅鳥。在印度古代神話中，它是一種類似鷲、性情猛烈的神格化之巨鳥，還曾為毘濕奴天之乘物。在佛教諸經中，均記載有此鳥。

死鬼與夜叉荼吉尼　白描

　　「荼吉尼」其實是夜叉的一種。夜叉，梵文yaksa，巴利語yakkha，是八部鬼眾之一，通常與「羅剎」並稱。又作藥叉、悅叉、閱叉、野叉。意譯為輕捷、勇健、能啖、貴人、威德、祠祭鬼、捷疾鬼。女性夜叉，或稱「夜叉女」，指住於地上或空中，以威勢惱害人或守護正法之鬼類。據《長阿含經》、《大會經》、《大毘婆沙論》、《順正理論》等載，夜叉受毘沙門天王統領，守護忉利天等諸天，得受種種歡樂，並具有威勢。

　　有關夜叉之種類，《大智度論》中有三種夜叉，即：（一）地行夜叉，常得種種歡樂、音樂、飲食等。（二）虛空夜叉，具有大力，行走如風。（三）宮殿飛行夜叉，有種種娛樂及便身之物。《維摩詰經》亦舉出三種夜叉，即：（一）地行夜叉，因過去世僅行財施，故不能飛行。（二）虛空夜叉。（三）天夜叉，因過去世布施車馬而能飛行。《大方等大集經》記載，毘沙門天王有無病、吉祥等十六夜叉大臣大力軍將，及因陀羅、蘇摩、婆樓那、伊奢那、阿吒薄拘等五十夜叉軍將。據《金光明最勝王經》卷一序品載，毘沙門天王為上首，庵婆、持庵、蓮花光藏、蓮花目、顰眉、現大怖、動地、吞食等三萬六千藥叉眾來會。據《大日經疏》，胎藏界曼荼羅外金剛部中，於北門置毘沙門天，其左右繪有摩尼跋陀羅、布嚕那跋陀羅、半只迦、沙多祈哩、醯摩縛多、毘灑迦、阿吒縛迦、半遮羅等夜叉八大將。經典中常述及身為正法守護神之夜叉。如《藥師如來本願經》載，宮毘羅、跋折羅等十二夜叉大將，誓言護衛《藥師如來本願經》之受持者。據《陀羅尼集經》卷三載，達哩底瑟吒等十六大藥叉將（即般若十六善神），願護衛念誦「般若波羅蜜」者。據《大毘婆沙論》卷一八○載，兩國交戰時，由護國藥叉先行比鬥。據《孔雀王咒經》卷上載，「鉤鉤孫陀」等一九七名夜叉住於諸國，降伏怨敵。

　　然經典中亦述及為害眾生之各類夜叉。據《大吉義神咒經》卷三載，諸夜叉、羅剎鬼等，常作獅、象、虎、鹿、馬、牛、驢、駝、羊等形象，或頭大而身小，或赤腹而一頭兩面、三面等，手持刀、劍、戟等，相狀可怖，令人生畏，能使見者錯亂迷醉，進而飲啜其精氣。《南本涅槃經》卷十五、《觀佛三昧海經》卷二等亦載有該類夜叉之可怖形狀，彼等即為奪人精氣、啖人血肉之獰惡鬼類。

　　夜叉的梵文yaksa，語根為yaks，是尊敬、祭祀、躁動等意思，指半人半神之群類。所以《維摩詰經》也將夜叉譯作「貴人」；《慧琳音義》卷二十三，稱夜叉為祠祭鬼，因為印度民間常祭祀夜叉以求福。在印度神話中，夜叉則為一種半神之小神靈。有謂其父為補羅娑底耶，或迦葉波，或補羅訶，說他是由梵天腳中生出來的；其母是財神俱毘羅的隨從。在西藏密教中，密跡力士是夜叉王，也就是我們常稱為「金剛手」或「執金剛」的神靈。夜叉有很多，據說每一個大夜叉手下還有七千個小夜叉。

（6）迦樓羅，即金翅鳥，其大無比，以龍（蛇）爲食，可除毒蛇之害。其王名叫正音，一天食一龍及五百小龍，後受五戒，皈依佛法。

（7）緊那羅，即歌神，能以歌讚美佛陀。又稱「人非人」，因似人而有一角，故名。據說乾闥婆是奉俗樂的樂神，而緊那羅是演奏俗樂的天神。

（8）摩睺羅迦，即大蟒神。

天龍八部諸天鬼神，都受到佛的教化，皈依佛法，並以護持佛法，保護眾生爲天職，其中，天眾和龍眾最爲重要，故統稱「天龍八部」，他們也經常出現在藏密唐卡有關輪迴中陰的圖畫中。佛陀在這樣的教義中，實際上是試圖把天上地下，從人到動物，從物質的生命到非物質的鬼魂，從看得見的肉身到看不見的妖精，從宮殿到地獄……全都歸屬到對自己的信仰中，無是無非，渾然一體。

鳩槃荼　白描

鳩槃荼也是「八部鬼眾」之一，與夜叉、羅刹、毘舍闍、富單那、薛荔多、乾闥婆、龍等並稱。據說他是馬頭人身，身體呈肉色，還拿著兩個鉢擊打，很類似藏密中的馬頭觀音或馬頭明王。但佛教裡的各種鬼怪太多了，譬如《楞嚴經》中，就載有十種鬼類：怪鬼、魃鬼、魅鬼、蠱毒鬼、癘鬼、餓鬼、魇鬼、魍魎鬼、役使鬼、傳送鬼等。其實他們都來自對「魔羅」形象的繁衍。

參考書目

《庚申外史》下卷，元代，權衡

《萬曆野獲編》，明代，沈德符

《通俗編》，清代，翟灝

《善說一切宗教源流及教義晶鏡史》，清代，善惠法日

《宋會要輯稿·釋道二》，清代，徐松

《中國佛教簡史》，郭朋，福建人民出版社

《西藏佛教密宗藝術》，李冀誠、顧綏康編著

《雪域梵音》，姜安，中國藏學出版社

《探索西藏唐卡》，張宏實，橡樹林文化出版社

《西藏宗教概說》，彭英全主編，西藏人民出版社

《密宗斷惑論》，索達吉堪布，寧瑪巴喇榮三乘法林佛學會

《古本山海經圖說》，馬昌儀，山東畫報出版社

《一應俱全印度人》，馬加力、向會鵬、傅小強等合著

《印度之佛教》，印順法師

《佛教史》，杜繼文主編，中國社會科學出版社

《西藏唐卡》，西藏自治區文物管理委員會編，文物出版社

《西藏佛教密宗藝術》，李冀誠、顧綏康編著，外文出版社

《藏傳佛教唐卡》，王家鵬主編，上海科學技術出版社 商務印書館（香港）

《六中有自解脫導引》，蓮花生大士著，青海人民出版社

《佛教小百科》，全佛編輯部編，中國社會科學出版社

《雍和宮唐卡瑰寶》，加木揚、圖布丹等，中國民族攝影藝術出版社

《金色寶藏——西藏歷史文物選萃》，中國藏學出版社

《佛陀在人間》，秦孟瀟，上海書店出版社

《中國美術分類全集：中國壁畫全集之藏傳寺院》，金維諾，天津人民美術出版社

《與西藏有緣》，林聰，民族出版社.

《佛學入門》，佛陀教育基金會編

《生與死：佛教輪迴說》，陳兵，內蒙古人民出版社

《何典》，張南莊，學林出版社

Worlds of Transformation-Tibetan Art Of Wisdom and Compassion,

Marylin M. Rhie, Robert A.F. Thurman, Tibet House, New York

國家圖書館預行編目資料

唐卡中的六道輪迴與地獄精神 ／ 紫圖楊典 作.-
初版.- 臺北縣新店市：八方出版,2007[民96]
面；　　公分.——(why；26)
ISBN 978-986-7024-36-7　　(精裝)

1.藏傳佛教 – 文化　2.佛教藝術　3.佛像　4.輪迴

226.964　　　　　　　　　　　96005719

Why026

唐卡中的六道輪迴與地獄精神

作者／紫圖楊典
主編／王雅卿
責任編輯／鍾惠萍
美術編輯／曾瓊慧
發行所／八方出版股份有限公司
地址／台灣台北縣231新店市寶橋路235巷6弄6號4樓
電話／(02) 2910-7770　　傳眞／(02) 2910-9573
E-mail／bafun.books@msa.hinet.net
郵政劃撥：19809050　八方出版股份有限公司
總經銷／農學股份有限公司
地址／台灣台北縣231新店市寶橋路235巷6弄6號2樓
電話／(02) 29107770　傳眞／(02) 29109573
港澳地區總經銷／豐達出版發行有限公司
電話／（852）2172-6513　傳眞／(852)2172-4355
E-mail／cary@subeseasy.com.hk
地址／香港柴灣永泰道70號柴灣工業城第二期1805室
定價／新台幣499元
ISBN ／ 978-986-7024-36-7
初版一刷／2007年6月
本著作已經由

ZITO®

©2006北京紫圖圖書有限公司

授權出版發行中文繁體字版
Printed in Taiwan

八方出版
*Ba fu*N Publishing,co.Ltd.　讀友卡

台灣‧台北縣新店市寶橋路235巷6弄6號4樓
讀者服務專線：（02）2910-7770
讀者服務傳眞：（02）2910-9573
郵政劃撥帳號：19809050　八方出版股份有限公司
email:bafun.books@msa.hinet.net

請沿此線對折後黏貼裝訂直接投郵寄回（免貼郵票）

請沿虛線剪下

感謝你閱讀八方出版的書籍，
寄回這張讀友卡（免貼郵票），
我們將不定期寄贈最新出版訊息。

編號：Why 026	書名：唐卡中的六道輪迴與地獄精神
姓名：	性別：＿＿＿＿＿ 1. 男　2. 女
出生日期：　　年　　月　　日	連絡電話：
＿＿＿＿＿教育程度：1.小學 2.國中 3.高中 4.大專（學）5.研究所（含以上）	
＿＿＿＿＿職業：1.學生 2.公務（含軍警）3.家管 4.服務 5.金融 6.製造 　　　　　　7.資訊 8.大眾傳播 9.自由業 10.農漁牧 11.退休 12.其他	
通訊地址：□□□＿＿＿縣（市）＿＿＿鄉鎮區＿＿＿村＿＿＿里＿＿＿鄰 　　　　＿＿＿路（街）＿＿＿段＿＿＿巷＿＿＿弄＿＿＿號＿＿＿樓	
email address：	

【下列資料請以數字填在每題前之空格處】

＿＿＿＿　**購書地點╱**1.書店 2.書展 3.書報攤 4.郵購 5.網路 6.直銷
　　　　　　7.贈閱 8.其他

＿＿＿＿　**您從那裡得知本書╱**

　　　　　1.逛書店 2.報紙專欄 3.雜誌廣告 4.網路 5.親友介紹

　　　　　6.廣告傳單 7.其他

＿＿＿＿　**您對本書的意見╱**

＿＿＿＿　**內容╱**1.滿意　2.尚可　3.應改進

＿＿＿＿　**編輯╱**1.滿意　2.尚可　3.應改進

＿＿＿＿　**封面設計╱**1.滿意　2.尚可　3.應改進

＿＿＿＿　**校對╱**1.滿意　2.尚可　3.應改進

＿＿＿＿　**定價╱**1.偏低　2.適中　3.偏高

　　　　　您的建議╱＿＿＿＿＿＿＿＿＿＿＿＿＿＿＿＿＿＿＿＿

　　　　　＿＿＿＿＿＿＿＿＿＿＿＿＿＿＿＿＿＿＿＿＿＿＿＿＿＿